el desafío
de
30 DÍAS
de
oración
para hombres

BARBOUR
ESPAÑOL
Un Sello de Barbour Publishing

Introducción

¡Bienvenido a *El desafío de 30 días de oración para hombres*!

Después de una lectura diaria que te ayudará a ver las cosas como Dios las ve, te presentamos algunas preguntas para aprender sobre ese tema a partir de tus propios pensamientos y experiencias. Al pensar tus respuestas, haz todo lo posible por ser sincero, porque es la única forma de crecer de verdad. Tus respuestas a esas preguntas te ayudarán a aplicar la verdad a tu vida. Luego, presentamos tres momentos de enfocarse en la oración —mañana, tarde y noche— que te harán seguir pensando y orando sobre ese tema todo el día para que arraigue en tu corazón.

Los treinta días de enfoque te mostrarán cuán importante y beneficioso es estar en la Palabra de Dios a diario y cuánto impacto tendrán en tu vida los tiempos regulares de oración. Presta atención a cómo cambian tus actitudes y expectativas al pasar tiempo con Jesús y cómo empiezas a anhelar ese tiempo cada día. Ahora haz el plan de llevar esas prácticas más allá de estos treinta días y convertirlas en parte del resto de tu vida.

Ser un hombre

*Y acercándose los días de su muerte, David dio órdenes
a su hijo Salomón: «Yo voy por el camino de todos
en la tierra. Sé, pues, fuerte y sé hombre. Guarda los
mandatos del Señor tu Dios, andando en Sus caminos,
guardando Sus estatutos, Sus mandamientos, Sus
ordenanzas y Sus testimonios, conforme a lo que
está escrito en la ley de Moisés, para que prosperes
en todo lo que hagas y dondequiera que vayas».*
1 Reyes 2.1–3 nbla

Salomón tuvo la bendición especial, aunque dura, de
estar junto a su padre en sus últimas horas y oír sus
últimas palabras. Pocos hombres tienen ese tipo de
despedida, y menos aún una exhortación como la que
guiaría la vida de Salomón como el siguiente rey de
Israel. Es un encuentro conmovedor y un punto de
inflexión en la historia de Israel.

David fue un hombre impresionante que vivió una
historia más grande que la vida. De adolescente, fue
un pastor fiel que mató osos y leones defendiendo su
rebaño (1 Samuel 17.36). Fue un talentoso compositor
y músico. Sus canciones ocupan más de la mitad del
libro de Salmos. Salió del anonimato para convertirse en el matagigantes más famoso de la historia

(1 Samuel 17). Siendo adulto, dirigió ejércitos y ganó guerras. Fue un político de éxito y llegó a ser un rey popular y honrado por el pueblo, y temido por las naciones que rodeaban a Israel (1 Crónicas 14.17). Y aunque tuvo sus fallos, fue recordado como alguien que lideró con integridad:

> Y los pastoreó con corazón íntegro,
> los condujo con mano diestra.
> Salmos 78.72 BLPH

No cabe duda de que David era un «hombre de verdad» y todo lo exitoso que un hombre puede llegar a ser. Y Salomón tenía el listón muy alto.

Pero cuando su vida tocaba a su fin, ¿qué señaló David como base para ser un *hombre*? ¿Sus logros? ¿Su heroísmo en las batallas? ¿Su reputación? No. ¿Le dijo a Salomón que tenía que librar batallas o rescatar a la nación para ser un hombre? No. David tenía una perspectiva diferente de lo que hace falta para ser un hombre: cumplir el encargo del Señor, seguir de todo corazón los caminos que Dios había revelado. Y para eso, bien lo sabía él, hacía falta más valor que para enfrentarse a osos, leones, gigantes o ejércitos. David le puso las cosas claras a Salomón para que todas las demás cuestiones con las que iba a luchar en la vida como hombre —propósito, éxito, legado, liderazgo— ocupasen su lugar adecuado. David no quería que Salomón se distrajera con lo que el mundo dice que es un hombre, sino que fuera ante todo un hombre a los ojos de Dios. Si David tenía un «secreto» del éxito para transmitirlo a su hijo, era ese.

Había llegado el momento decisivo para Salomón, y con él, el peso de un reino, pero también la bendición de estar en el buen camino. En todas las circunstancias, estar sobre el firme fundamento de la voluntad de Dios hace que un hombre triunfe como tal.

Pregúntate...

▶ ¿Qué idea de ser hombre me dieron en mi educación?

▶ Hoy, ¿puedo decir honestamente que mi idea de ser hombre se basa en honrar a Dios?

▶ ¿Hay algo que me impida convertirme en un hombre de Dios, para que pueda desprenderme de ello?

▶ ¿A quién influyo como hombre y qué tipo de influencia estoy ejerciendo en este momento?

Sugerencias para la oración

MAÑANA: Da gracias a Dios por tus éxitos y pídele ayuda contra la definición de éxito que da el mundo.

Puedes decir algo así:

> *Señor, te doy gracias por todo lo que has hecho por mí. Te ruego que, a lo largo de cada día, me ayudes en la batalla constante contra las tentaciones de la codicia, la lujuria y el poder, que es lo que el mundo usa para definir el éxito. Señor, por favor ayúdame a recordar que cualquier éxito que tenga viene de ti. Quiero honrarte en todas las cosas.*

TARDE: Pídele a Dios que te convierta en el tipo de hombre que él quiere.

Puedes decir algo así:

> *Señor, te ruego que me ayudes a entender lo que realmente significa ser un hombre de Dios. Te ruego que me ayudes a andar en tus caminos en todo lo que hago y a cumplir tus encargos de todo corazón. Te pido que me hagas pasar de lo que el mundo dice que debo ser al tipo de hombre que tú quieres que sea, para que siempre pueda servirte al máximo.*

NOCHE: Confiesa las cosas que te impiden ser el hombre que Dios te ha llamado a ser, y pide ayuda para ser una buena influencia para los que te rodean.

Puedes decir algo así:

> *Padre, confieso y pido perdón por todas las cosas que he permitido que me impidan ser el hombre que tú querías que fuera al crearme. Cámbiame y ayúdame a salir adelante como un hombre que se mantiene firme sobre el fundamento de tu voluntad, para que pueda ser un ejemplo de tu misericordia y amor.*

DÍA 2

Nuestra verdadera batalla

¿Qué es lo que causa las disputas y las peleas entre ustedes? ¿Acaso no surgen de los malos deseos que combaten en su interior?
Santiago 4.1 ntv

La verdadera vida de un hombre es su vida interior. Lo que pensamos, en lo que centramos nuestro pensamiento, es lo que realmente somos o llegaremos a ser. Proverbios 23.7 (nbla) lo expresa así: «Pues como piensa dentro de sí, así es él». El corazón —o vida interior— determinará todo lo que hagamos y digamos, ya que de él procede el sistema interno de valores. Por eso se nos advierte:

> Sobre todas las cosas cuida tu corazón,
> porque este determina el rumbo de tu vida.
> Proverbios 4.23 ntv

Una de las claras advertencias de las Escrituras es que la vida interior de un hombre siempre saldrá a la luz; siempre se acabará manifestando. Jesús dejó claro que lo que guardamos en nuestro corazón se manifestará en nuestra vida cotidiana, para bien o para mal:

Del que es bueno, como su corazón es rico en bondad, brota el bien; y del que es malo, como es rico en maldad, brota el mal. Porque su boca habla de lo que rebosa el corazón. Lucas 6.45 BLPH

Por eso, cuando experimentamos conflictos con otros —cónyuge, hijos, compañeros de trabajo, vecinos, otros creyentes— podemos estar permitiendo que la agitación interior de nuestro propio corazón se manifieste en esas relaciones. Es posible que hayamos almacenado cosas equivocadas en nuestro interior y hayamos permitido que nublen nuestro juicio. Puede que estemos librando la batalla equivocada. Puede que «el problema» no sean los otros. Y si nos metemos en la batalla equivocada, estaremos malgastando nuestra energía y aumentando nuestra frustración.

La verdadera batalla es contra «los deseos mundanos, que luchan contra el alma» (1 Pedro 2.11 NTV). Dejarse llevar por las pasiones mundanas nos llenará de agitación e inquietud. Nuestros esfuerzos deben centrarse en someter nuestros corazones a Cristo y permitirle que derrame en nosotros su amor y su paz, llenándonos de su «buen tesoro»:

Les dejo un regalo: paz en la mente y en el corazón. Y la paz que yo doy es un regalo que el mundo no puede dar. Así que no se angustien ni tengan miedo.
Juan 14.27 NTV

Nada de lo que este mundo pueda ofrecer es comparable con la paz de Cristo. Un corazón consumido por su paz es un corazón que no pierde fácilmente los estribos, que no responde con dureza ni toma represalias. En lugar de insistir en su propio camino, el corazón lleno de paz valora la unidad con los demás:

> Que vivan con toda humildad y mansedumbre, con paciencia, soportándose unos a otros en amor, esforzándose por preservar la unidad del Espíritu en el vínculo de la paz. Efesios 4.2-3 NBLA

La buena noticia para nosotros es que Cristo ha vencido al mundo, ha vencido a la muerte, ha cumplido la ley y ha crucificado la carne, y todo ello lo comparte con nosotros en nuestra salvación. Él nos reconcilia con Dios, con nosotros mismos y con los demás. Ahora podemos ser libres para pelear la buena batalla de la fe y enfrentarnos a nuestro enemigo:

> Porque nuestra lucha no es contra sangre y carne, sino contra principados, contra potestades, contra los poderes de este mundo de tinieblas, contra las fuerzas espirituales de maldad en las regiones celestes. Efesios 6.12 NBLA

Pregúntate...

▶ ¿Tengo algún tipo de conflicto con otras personas? ¿En el trabajo? ¿En casa? ¿En la iglesia?

▶ ¿Me he resistido a humillarme incluso cuando sabía que así podría resolver o mejorar una relación tensa?

▶ ¿La paz de Cristo caracteriza mi vida interior? ¿Cómo guardo los «buenos tesoros» en mi corazón?

▶ ¿Qué puedo empezar a hacer (o hacer más) para luchar con mayor más eficacia contra el enemigo real?

Sugerencias para la oración

MAÑANA: Ora para que Dios te ayude a guardar tu corazón a lo largo del día.

Puedes decir algo así:

> *Dios, ayúdame a armarme de valor para rechazar las cosas que no son tuyas. Por favor, Señor, sé mi escudo en la lucha contra los deseos egoístas y ayúdame a centrarme en amar y servir a los que me rodean con un corazón que rebose bondad.*

TARDE: Pídele a Dios que te ayude a humillarte a la hora de resolver conflictos.

Puedes decir algo así:

> *Padre Celestial, te ruego que me ayudes a vencer mi orgullo y mi resistencia egoísta a humillarme. Dame la fuerza y la paz para resolver los conflictos de una manera que te represente a ti, tenga yo razón o no.*

NOCHE: Pídele que te dé un corazón de servicio y que renueve tu mente.

Puedes decir algo así:

> *Padre bueno, he estado peleando las batallas equivocadas por mucho tiempo, y lo que sale de mi corazón ha causado conflicto con aquellos a quienes amo y busco servir. Por favor, renueva mi mente y líbrala de las cosas malas en las que he puesto mis pensamientos. Dame paz para que pueda poner el foco en ser un ejemplo de tu amor y sacrificio entre los que me rodean.*

Adoración

> *Y David danzó ante el Señor con todas sus fuerzas, vestido con una vestidura sacerdotal. David y todo el pueblo trasladaron el arca del Señor entre gritos de alegría y toques de cuernos de carnero.*
> 2 SAMUEL 6.14-15 NTV

Dios diseñó a los hombres para que fueran fuertes, por supuesto, pero también cariñosos y pacientes; para que tuvieran confianza en sí mismos, pero también para que fueran vulnerables y estuvieran abiertos al cambio. Pero a muchos les resulta más cómodo ejercer su fuerza y ocultar sus emociones, incluso ante Dios y su pueblo.

La verdadera masculinidad se completa en la adoración. ¿En qué otro lugar puede un hombre abrirse tan completamente sin miedo al fracaso, sin fingir fuerza, aptitud o dominio? ¿En qué otro lugar puede un hombre ser tan honesto sin temor a que se aprovechen de él? ¿En qué otro lugar puede un hombre regocijarse sin preocuparse de que lo juzguen? ¿En qué otro lugar puede un hombre mirar a la cara del Hombre más auténtico de todos?

Adorar como un hombre significa ignorar (o *elegir* ignorar) lo que los demás piensen cuando te abres, como ejemplifica David. Poco después de ser coronado rey, David dirigió a su ejército a la batalla para reconquistar Jerusalén. Una vez recuperada la ciudad, llegó el momento de traer de vuelta a casa la posesión más preciada de Israel: el Arca del Pacto. Fue un acontecimiento verdaderamente espiritual para todo el reino. Y David lo celebró con total desinhibición y de todo corazón. Se desinhibió delante de todos, llevado tan solo por su entusiasmo por el Señor. Pero cuando su mujer, Mical (la hija del difunto rey Saúl, a quien Dios había apartado del trono en favor de David) lo vio, despreció a David y lo reprendió por esa exhibición pública. ¡Esto no era propio de la dignidad de un rey! David respondió:

> ¡Estaba danzando delante del Señor, quien me eligió por encima de tu padre y de su familia! Él me designó como el líder de Israel, el pueblo del Señor, y de este modo celebro delante de él. 2 Samuel 6.21 NTV

Básicamente, a David le importaba un bledo lo que la gente pensara de él cuando adoraba, ni siquiera los de su casa. A David solo le importaba la opinión de Dios. Como rey, guerrero y pastor se había enfrentado a la muerte de hombres y bestias, así que la opinión de la gente no iba a asustarle para que dejara de adorar con todas sus fuerzas. De hecho, David relacionó su posición como líder del «pueblo del Señor» con la razón misma de su desinhibida celebración.

Jesús dijo: «Dios es espíritu, y los que lo adoran deben adorar en espíritu y en verdad» (Juan 4.24

NBLA). Son dos cosas que no deben contenerse por miedo a la vergüenza o a la opinión de la gente. Esto no quiere decir que toda la adoración deba ser tan exuberante como la de David cuando regresaron el Arca, pero cuando el Espíritu nos mueve a expresar alegría, debemos tener cuidado de no apagar su exuberancia en nosotros.

Así que, según te guíe el Espíritu Santo, exprésate en la adoración, confesando, cantando, llorando e incluso danzando con desenfreno ante tu Creador, tu Redentor, tu Señor, sin preocuparte de los que te miran, de los que tienen tendencia a señalar los fallos. Estarás expresando tu masculinidad, no renunciando a ella. Será un liderazgo ejemplar para todo el pueblo.

Pregúntate...

▶ ¿Hay algo en las opiniones de los demás que me impida adorar al Señor abiertamente?

▶ ¿Qué haría de otra manera cuando adoro o en la oración si estuviera solo?

▶ ¿Puedo ayudar a los demás a adorar si me preocupo menos por las apariencias cuando me presento ante Dios para adorar?

Sugerencias para la oración

MAÑANA: Pídele a Dios que te ayude a recordarte a lo largo del día que tu valor no depende de lo que piensen los demás.

Puedes decir algo así:

> *Dios mío, en mi jornada de hoy,*
> *recuérdame que mi valía solo viene de ti.*
> *Por favor, ayúdame a ver más allá de las*
> *opiniones de la gente y de lo que el mundo*
> *considera masculino, y a desinhibirme en*
> *mi amor y alabanza a ti.*

TARDE: Pídele a Dios que te ayude a ser alguien capaz de dar ejemplo al «abandonarse».

Puedes decir algo así:

> *Padre fiel, te pido que me liberes de las*
> *estrecheces del ego y del miedo al juicio.*
> *Adorarte y alabarte nunca rebaja la*
> *dignidad de nadie, Señor. Ayúdame a ser*
> *alguien que predique con el ejemplo y te*
> *ame con total entrega.*

NOCHE: Pídele a Dios que te dé el valor para ser vulnerable.

Puedes decir algo así:

> *Señor, ayúdame a encontrar el valor para ser vulnerable y abierto en mi alabanza y adoración diaria a ti. Ayúdame a permanecer firme y a ver que la idea del mundo sobre ser «varonil» no es más que una prisión, porque la verdadera fuerza y libertad vienen de no tener miedo a regocijarme en ti.*

Sabiduría

*Pues, donde hay envidias y ambiciones egoístas,
también habrá desorden y toda clase de maldad.
Sin embargo, la sabiduría que proviene del cielo es,
ante todo, pura y también ama la paz; siempre es
amable y dispuesta a ceder ante los demás. Está
llena de compasión y del fruto de buenas acciones.
No muestra favoritismo y siempre es sincera.
Y los que procuran la paz sembrarán semillas
de paz y recogerán una cosecha de justicia.*
SANTIAGO 3.16–18 NTV

No es de extrañar que los hombres sean competitivos.
Desde las ligas deportivas profesionales (que son
predominantemente masculinas) hasta una partida
«amistosa» de golf entre amigos, la tendencia natural
a ganar sale a relucir. En el contexto adecuado, la
competitividad puede ser estimulante; puede crear
nuevos lazos de amistad y reforzar los antiguos. Pero
llevada al extremo puede ser destructiva, incluso
devastadora.

La historia está llena de amargas y ruinosas riva-
lidades de líderes políticos, militares y empresariales.
Incontables millones han quedado atrapados en la
vana competencia por el poder y el control de unos

pocos. Hay países que han entrado en guerra por las ambiciones personales de un solo hombre. De hecho, es posible que Santiago estuviera pensando en sucesos de su tiempo cuando escribió el versículo de hoy: el Imperio romano se construyó sobre la ciega ambición de sus líderes, aunque los historiadores romanos pintaran un cuadro glorioso de sus conquistas. Incluso hoy, algunos líderes señalan la «sabiduría» de hombres despiadados y maquiavélicos a los que admiran. *¡A ellos les funcionó!* dicen para justificarlo.

Santiago establece una distinción clara y necesaria entre la sabiduría mundana y la celestial. La sabiduría del hombre es común; la sabiduría de Dios es poco común. La sabiduría celestial nunca destruye ni engaña, sino que construye y unifica. La «sabiduría de lo alto» busca la pureza y la paz, la bondad y la preocupación por los demás. Es desinteresada y no juzga solo por los «resultados». La sabiduría de Dios es la fuente de la verdadera riqueza y de la verdadera satisfacción. Como declaró el rey Salomón:

> Bienaventurado el hombre que halla
> sabiduría y el hombre que adquiere enten-
> dimiento. Porque su ganancia es mejor
> que la ganancia de la plata, y sus utilidades
> mejor que el oro fino. Es más preciosa que
> las joyas, y nada de lo que deseas se com-
> para con ella. Larga vida hay en su mano
> derecha, en su mano izquierda, riquezas y
> honra. Sus caminos son caminos agradables
> y todas sus sendas, paz. Es árbol de vida

para los que echan mano de ella, y felices
son los que la abrazan.
Proverbios 3.13-18 NBLA

Y lo mejor de todo es que la sabiduría celestial
es gratis:

Si necesitan sabiduría, pídansela a nuestro
generoso Dios, y él se la dará; no los
reprenderá por pedirla. Santiago 1.5 NTV

En el mundo actual, tan salvajemente competitivo, no promocionarnos o no pasar por encima de
los demás puede tildarse de ingenuo. Renunciar a
nuestros derechos para procurar la paz con alguien
puede parecer una tontería. No tomar represalias que
estén justificadas puede parecerles una insensatez a
quienes nos instan a defendernos. Negarnos a entrar
en conflicto para avanzar puede acarrearnos la etiqueta de débiles o temerosos, de no estar a la altura
del desafío. Pero la sabiduría de Dios trasciende la
«sabiduría» de la promoción personal y de los vanos
trofeos de este mundo. Como observó una vez el
misionero mártir Jim Elliot: «No es ningún tonto
quien da lo que no puede conservar para ganar lo
que no puede perder».

Pregúntate...

▶ ¿Hay algún área de mi vida laboral que necesite reevaluar con los criterios que Santiago llama «la sabiduría de lo alto»?

▶ ¿Tengo alguna rivalidad malsana que pueda confesar y abandonar?

▶ ¿Cómo puedo perseguir mis objetivos en la vida usando la sabiduría de Dios y no la del mundo? ¿Cómo sería eso?

Sugerencias para la oración

MAÑANA: Pídele a Dios que te ayude a reevaluar con su sabiduría las decisiones que tomas.

Puedes decir algo así:

> *Padre sabio, ayúdame con tu sabiduría*
> *en mis decisiones y relaciones cotidianas.*
> *Por favor, ayúdame a canbiar mis*
> *celos, rencor y ambición egoísta por la*
> *misericordia, el amor y la fuerza de la*
> *sabiduría paciente.*

TARDE: Pídele a Dios con humildad que te ayude a confesar y superar las áreas de tu vida en las que no estás siendo sabio.

Puedes decir algo así:

> *Dios todopoderoso, confieso que tengo*
> *problemas con mis decisiones imprudentes*
> *y poco saludables, para mi perjuicio. Te*
> *ruego que me des el valor para derribar*
> *los ídolos que he construido y me concedas*
> *la fuerza para vencer las tentaciones de*
> *la «sabiduría» del mundo. En cambio,*
> *ayúdame a buscar constantemente tu*
> *sabiduría eterna para que me guíes.*

NOCHE: Pídele a Dios que te ayude a perseguir tus objetivos con sabiduría y un espíritu sano y edificante.

Puedes decir algo así:

> *Padre, al procurar mis objetivos en la vida, ayúdame a hacerlo con una perspectiva amorosa y sabia. Te ruego que mi competitividad sea sana y cree vínculos. Quiero tener cuidado de no justificar decisiones imprudentes en nombre de los resultados. Rechazo la sabiduría del mundo y te pido que tu sabiduría me guíe en todo lo que hago.*

Éxito

Si se embota el hacha y no se afilan sus caras,
hay que redoblar esfuerzos. El éxito
está en usar la sabiduría.
ECLESIASTÉS **10.10** BLPH

Los hombres se sienten atraídos por el éxito. En serio, ¿quién se propone fracasar? En consecuencia, a la mayoría nos encantan los retos… siempre que haya alguna posibilidad de ganar. De hecho, si somos sinceros (y un poco conscientes de nosotros mismos), tendríamos que admitir que nos apartamos de las cosas en las que no creemos que podamos tener éxito; nos apartamos por naturaleza de cualquier cosa que pueda acabar en fracaso. Eso puede ser bueno si buscas el trabajo o la carrera adecuados. Si quieres ser jinete de carreras, pero pesas más de 60 kilos, no es probable que tengas mucho éxito en ese campo. En ese caso, la sabiduría podría llevarte a renunciar.

Pero, a veces, entre los ámbitos que «abandonamos» mental o emocionalmente están los de mayor valor. Matrimonio, familia, amistades, iglesia. Tal vez Dios mismo. Si no vemos el camino hacia el éxito, si consideramos que estas áreas suponen demasiado trabajo para tan poco beneficio, podemos sentir la tentación de echarnos atrás. Puede que ni siquiera nos demos cuenta de que hemos reorientado nuestros esfuerzos hacia áreas que disfrutamos más. Podríamos estar abandonando las cosas más importantes por las más fáciles, a veces con consecuencias devastadoras. Pero no tiene por qué ser así.

Si alguna vez has intentado talar un árbol con un hacha en lugar de una motosierra, sabrás lo trabajoso que puede resultar. Y si alguna vez has intentado hacerlo con un hacha sin filo, sabes que es prácticamente imposible. El sentido común nos dice que es mejor tomarse el tiempo de afilar el hacha antes, de lo contrario solo conseguirás agotarte. Si te sientes siempre frustrado en algún área de tu vida, tal vez estés golpeando con un hacha sin filo; tal vez simplemente carezcas de sabiduría en esa área y necesites el entendimiento adecuado.

El desafío de este proverbio es identificar dónde estamos perdiendo las fuerzas y tomarnos el tiempo para buscar la sabiduría de Dios que puede llevarnos al éxito. Afortunadamente, él promete dar sabiduría a quienes se la pidan:

> Si necesitan sabiduría, *pídansela* a nuestro generoso Dios, y él se la dará; no los reprenderá por *pedirla*. Santiago 1.5 NTV
> Al Señor le *agradó* que Salomón *pidiera* sabiduría. 1 Reyes 3.10 NTV

Después de haber pedido sabiduría, búscala también. El libro de Proverbios ensalza una y otra vez las bendiciones de adquirir sabiduría:

Feliz quien *encuentra* sabiduría,
la persona que *adquiere* inteligencia.
Proverbios 3.13 BLPH
¡*Adquirir* sabiduría es lo más sabio que
puedes hacer! Y en todo lo demás que
hagas, *desarrolla* buen juicio. Si *valoras* la
sabiduría, ella te engrandecerá. *Abrázala*, y
te honrará. Proverbios 4.7-8 NTV

Una vez que hayas pedido sabiduría, la hayas
buscado y la hayas encontrado, ¡aplícala!

Dame entendimiento y obedeceré tus
enseñanzas; las *pondré en práctica* con todo
mi corazón. Salmos 119.34 NTV

La sabiduría, como la fe, está muerta si no hay
acción. El trabajo que debemos hacer para tener éxito
ante Dios en las áreas más valiosas de la vida merece
el tiempo y el esfuerzo que requiere hacerlo con su
sabiduría, a su manera. Tómate tu tiempo para afilarte
y dedica tiempo a mantenerte afilado.

Pregúntate...

▸ ¿Dónde experimento frustración o fracaso de forma habitual? ¿Es esto algo a lo que Dios me ha llamado, o soy libre de elegir otro camino?

▸ ¿Cómo se ve el éxito en mi vida personal? ¿Qué objetivos he tenido por años sin resultados reales? ¿Perder peso? ¿Ceñirme a un presupuesto? ¿Compartir mi fe?

▸ En mis relaciones, ¿afilar el hacha significa saber escuchar mejor? ¿Ser más paciente? ¿Controlar mi temperamento?

▸ ¿Cómo pienso adquirir sabiduría con regularidad?

Sugerencias para la oración

MAÑANA: Ora para que Dios te muestre las áreas en las que necesitas tomar perspectiva y buscar sabiduría.

Puedes decir algo así:

> *Amado Dios, gracias por las oportunidades que me has dado. Ayúdame a hacer una pausa y buscar tu voluntad en cada una de ellas, y renueva mi manera de entender cada una.*

TARDE: Pídele a Dios que te dé una nueva perspectiva para servirle en aquellas áreas en las que no te sientes adecuado.

Puedes decir algo así:

> *Padre fiel, ayúdame a servirte aunque no vea resultados. Ayúdame a ver el valor de las personas y situaciones que has traído a mi vida. Dame el valor para afrontar los retos difíciles sin echarme atrás.*

NOCHE: Pídele que te dé un corazón que busque y siga la sabiduría, y que la aplique en cada oportunidad.

Puedes decir algo así:

Señor, ambos sabemos que soy inconsistente en lo que busco, a menudo tanto que lo pierdo de vista. Dame un nuevo enfoque para buscarte a ti y la sabiduría que tú prometes. Muéstrame lo que necesito dejar para complacerte y caminar de una manera más completa en tus caminos.

DÍA 6

Las promesas de Dios

Y debido a su gloria y excelencia, nos ha dado grandes y preciosas promesas. Estas promesas hacen posible que ustedes participen de la naturaleza divina y escapen de la corrupción del mundo, causada por los deseos humanos.

2 PEDRO 1.4 NTV

¿Para qué sirve la salvación? ¿Para ser mejor persona? ¿Para tener una misión que dé sentido a tu vida? ¿Para entrar en el cielo al morir? Podría decirse que esas cosas son suficientes desde una perspectiva humana, pero Dios tiene en mente algo más para nosotros, algo mucho más interesante y emocionante.

Dios prometió que cuando nos uniéramos a su familia llegaríamos a ser como nuestro hermano Jesús. Pablo, al igual que Pedro, entendía lo que Dios ofrecía a sus hijos nacidos de nuevo cuando exhortó a los creyentes de Corinto a vivir conforme a las promesas de Dios:

> Por tanto, amados, teniendo estas promesas, limpiémonos de toda inmundicia de la carne y del espíritu, perfeccionando la santidad en el temor de Dios.
> 2 Corintios 7.1 NBLA

¿Y cuáles son exactamente estas promesas de Dios que tanto Pablo como Pedro veían como lo que motiva esta vida de santidad? Que Dios mismo iba a vivir entre nosotros, su pueblo, y a ser nuestro Dios; que seríamos apartados del mundo, y hasta considerados como sus hijos e hijas:

> Habitaré y caminaré en medio de ellos;
> yo seré su Dios y ellos serán mi pueblo.
> Por tanto:
> Salgan de entre esas gentes y apártense de
> ellas, —dice el Señor—. No toquen cosa
> impura, y yo los acogeré. Seré padre para
> ustedes y ustedes serán mis hijos e hijas,
> —dice el Señor todopoderoso—.
> 2 Corintios 6.16-18 BLPH

Por increíble que parezca, el plan de Dios es que disfrutemos y reflejemos su naturaleza divina, y que participemos de ella. Él quiere hijos (e hijas) que se parezcan a Jesús, que suenen y actúen como él: hijos que reflejen su carácter y su forma de pensar; hijos que, como su Hijo, estén libres de corrupción por dentro y por fuera. El plan de Dios desde el principio (mucho antes de que naciéramos) era que compartiéramos su imagen:

> Porque a los que de antemano conoció,
> también los predestinó a ser hechos con-
> forme a la imagen de Su Hijo, para que Él
> sea el primogénito entre muchos hermanos.
> Romanos 8.29 NBLA

Los descendientes de Dios tienen un camino que seguir: vivir como hijos liberados y santos. La libertad y la santidad son nuestra herencia, y accedemos a ella a través del Espíritu Santo:

> Les daré integridad de corazón y pondré un espíritu nuevo dentro de ellos. Les quitaré su terco corazón de piedra y les daré un corazón tierno y receptivo.
> Ezequiel 11.19 NTV
> Además, cuando creyeron en Cristo, Dios los identificó como suyos al darles el Espíritu Santo, el cual *había prometido* tiempo atrás.
> Efesios 1.13 NTV

El papel del Espíritu Santo es capacitar al pueblo de Dios para relacionarnos libre y honestamente con el Padre, aferrándonos diariamente a sus promesas. Si él no obra en nosotros —habitando de una manera real en nosotros— nada en nuestra experiencia cambiará de verdad y el Padre no conseguirá el hijo que quiere. Solo cuando confiamos en su presencia en nosotros para hacernos a imagen de Cristo nos apropiamos de la plenitud de la salvación prometida en esta vida, y glorificamos a nuestro Padre como hijos que llevan su nombre.

Pregúntate...

▶ La promesa de Dios de vivir en mí y transformarme a semejanza de Cristo ¿tiene un impacto real en mi vida diaria? ¿Me da esperanza?

▶ ¿Hay áreas de mi vida que he «aceptado» tal como son, pero que entran en conflicto con ser un buen hijo para mi Padre celestial?

▶ ¿Me entusiasma la idea de parecerme a Jesús, o la siento como una carga? ¿Qué me dice eso sobre cómo entiendo mi salvación?

Sugerencias para la oración

MAÑANA: Pídele al Señor que te ayude a estar abierto cada día a sus cambios.

Puedes decir algo así:

> *Padre, por favor, abre mi corazón cada día a los cambios que tú quieres hacer en mi vida. Señor, quiero que tus promesas estén siempre en primer plano en mi mente, para poder enfocarme mejor en lo que tú has planeado para mí.*

TARDE: Confiésale las áreas de tu vida en las que no estás dispuesto a aceptar sus cambios.

Puedes decir algo así:

> *Señor todopoderoso, confieso que he sido obstinado en mis caminos. En tu infinita misericordia, tú me proteges de la apatía de aceptar las cosas como son, y mediante la reflexión en tus amorosas promesas, abrazaré cada cambio con un espíritu renovado.*

NOCHE: Da gracias a Dios por obrar en tu vida para cambiarte, y pídele el valor de confiar en él en esos cambios.

Puedes decir algo así:

> *Gracias, Padre todopoderoso, por obrar en mi vida y convertirme en el hombre que deseas que sea. Tú eres generoso en tu plan para nosotros, y te pido valor y entendimiento para confiar en ti durante las pruebas más difíciles y en los cambios más duros. Gracias. Tú habitas en mí, me cambias y me moldeas para convertirme en un hijo que lleva tu glorioso nombre.*

Fe o temor

Mis justos vivirán por la fe. Pero no me
complaceré con nadie que se aleje.
HEBREOS **10.38** NTV

La gente suele suponer que la duda es lo opuesto a la
fe. Pero en el Nuevo Testamento las palabras *duda* o
dudar aparecen solo un puñado de veces, mientras que
temor o *temer* aparecen más de cien veces. Aunque no
podemos construir nuestra teología a partir de una
sola observación, está claro que una vida de fe es a
menudo una batalla contra el temor.

Los discípulos descubrieron esta lección muy
pronto, cuando su barca quedó atrapada en una
tormenta. Jesús, agotado por una dura jornada, dormía mientras sus seguidores estaban muy alterados.
Cuando por fin le despertaron, reprendió no solo a
la tormenta, sino también a los discípulos:

> Jesús se levantó, reprendió al viento y dijo
> al mar: «¡Cálmate, sosiégate!». Y el viento
> cesó, y sobrevino una gran calma. Entonces
> les dijo: «¿Por qué están atemorizados?
> ¿Cómo no tienen fe?».
> Marcos 4.39-40 NBLA

Ciertamente, el temor puso a prueba la fe de Jairo, el líder de la sinagoga local, en Marcos 5. Con fe, suplicó a Jesús que viniera a sanar a su hija enferma. En el camino, Jesús se retrasó por un encuentro inesperado con una mujer enferma que fue sanada al instante al tocar el borde de su manto, una bendición impresionante para ella, pero una interrupción aparentemente fatal para Jairo, que había puesto todas sus esperanzas en que Jesús llegara a tiempo a ver a su hija:

> Mientras él [Jesús] todavía hablaba con ella, llegaron mensajeros de la casa de Jairo, el líder de la sinagoga, y le dijeron: «Tu hija está muerta. Ya no tiene sentido molestar al Maestro». Marcos 5.35 NTV

¡Jairo debió de desesperarse! ¡Sus esfuerzos habían estado tan cerca! Pero Jesús, que conocía el corazón del hombre, lo consoló enseguida:

> Jesús oyó lo que decían y le dijo a Jairo: «No tengas *miedo*. Solo ten *fe*». Marcos 5.36 NTV

Por supuesto, sabemos que Jesús iba a resucitar a la niña, pero Jairo no sabía cómo terminaría la historia, solo que debía elegir la fe en lugar del temor mientras recorrían el resto del camino hasta su casa, donde sabía que su hija yacía muerta. ¡Ese fue literalmente un camino de fe!

Pero la enseñanza de Jesús de avanzar con fe en lugar de retroceder por temor no era solo para esos momentos de prueba extrema. Era para los temores cotidianos y la ansiedad de la vida:

> Pues si Dios viste así a la hierba del campo, que hoy está verde y mañana será quemada en el horno, ¿no hará mucho más por ustedes? ¡*Qué débil es la fe que ustedes tienen*! Mateo 6.30 BLPH

Cuando cedemos al temor, eso significa que nos estamos alejando de Dios y de Sus planes para nosotros. Gracias a Dios, él no nos deja solos en la buena batalla de la fe. Tenemos un Abogado, un Consolador, que vive dentro de nosotros y que nos capacita para enfrentarnos a todos los temores:

> Pues Dios no nos ha dado un espíritu de temor y timidez sino de poder, amor y autodisciplina. 2 Timoteo 1.7 NTV

Estamos llamados a avanzar en fe siguiendo el paso del Espíritu que llevamos dentro. Podemos tener batallas contra el temor, pero nunca estamos solos en esa lucha.

Pregúntate...

▶ ¿Qué es lo que más temo? ¿Cómo lo manejo? ¿Me está impidiendo crecer en Cristo o en algún área de mi vida?

▶ ¿Qué dice la Biblia sobre las cosas que me causan temor?

▶ ¿Cómo puedo confiar más en el Espíritu Santo cuando el temor intenta hacerme retroceder?

▶ ¿Hay alguien con quien pueda compartir mis temores y que ore conmigo y por mí?

Sugerencias para la oración

MAÑANA: Pídele al Señor fortaleza en la batalla contra el temor.

Puedes decir algo así:

> *Padre, tú estás siempre conmigo, y te ruego que me concedas la fuerza para afrontar mis temores con un corazón valiente. Tu fidelidad nunca falla, y te pido que cuando el temor y la ansiedad amenacen con abrumarme, me ayudes a resistir contra corriente, confiando en que tú me proteges y velas por mí.*

TARDE: Pídele a Dios que su paz esté contigo en los momentos difíciles y de inseguridad.

Puedes decir algo así:

> *Señor, en tu misericordia, cúbreme a mí y a mi casa con la paz que sobrepasa todo entendimiento. Oro contra el miedo al futuro y te pido que infundas en mí el valor para seguir adelante en la fe, seguro de que mis necesidades serán satisfechas y confiando en tus promesas y planes.*

NOCHE: Pídele consuelo cuando te sientas solo, aislado y asustado.

Puedes decir algo así:

> *Padre celestial, rescátame de las tinieblas del aislamiento, el temor y la ansiedad; estoy cubierto bajo el sacrificio de Cristo, y el miedo no tiene poder sobre mí. Nunca estaré solo, Señor, porque tú estás siempre conmigo. Gracias por tu amor y fidelidad eternos, Padre todopoderoso.*

Espiritualmente eficaz

Por lo mismo, esfuércense al máximo en añadir a la fe, la honradez; a la honradez, el recto criterio; al recto criterio, el dominio de sí mismo; al dominio de sí mismo, la constancia; a la constancia, la piedad sincera; a la piedad sincera, el afecto fraterno, y al afecto fraterno, el amor. Porque si abundan en ustedes esas cualidades, no quedarán inactivos y sin fruto en cuanto al conocimiento de nuestro Señor Jesucristo se refiere.
2 Pedro 1.5–8 blph

A la mayoría de los hombres les gusta ser buenos en algo, ya sea una carrera, un deporte o una afición. Nos gusta la idea de ser eficaces, de perseguir metas y lograr resultados, y de ser reconocidos por ello. Además, a la mayoría de nosotros nos gusta ser útiles en nuestros esfuerzos, producir algo de valor para nosotros y para los demás. Eso está en nosotros por diseño: El primer trabajo asignado a Adán fue cuidar un jardín. Algo que muchos de nosotros seguimos intentando cada primavera.

No es sorprendente que la mayoría de los hombres estén dispuestos a dedicar el tiempo y la energía necesarios para sobresalir en la tarea que han elegido, ya sea una tarea que exige educación, certificación, tiempo de práctica, etc. Pero en el trabajo espiritual, el trabajo de construir el reino de Dios, las habilidades adquiridas no son la principal preocupación, aunque desde luego son importantes. El rey David fue elogiado por ser un líder muy hábil:

Y los pastoreó con corazón íntegro,
los condujo con mano diestra.
Salmos 78.72 BLPH

Además de nuestras habilidades y talentos naturales, Dios nos da a cada uno dones espirituales para que los usemos para contribuir al crecimiento del cuerpo de Cristo, y debemos usarlos con responsabilidad:

Hay diversidad de dones, pero el Espíritu es el mismo. Hay diversidad de funciones, pero uno mismo es el Señor. Son distintas las actividades, pero el Dios que lo activa todo en todos es siempre el mismo. La manifestación del Espíritu en cada uno se ordena al bien de todos. 1 Corintios 12.4-7 BLPH

Pero la verdadera eficacia en el Reino no es solo una combinación de habilidades adquiridas, talentos naturales o dones dados por Dios. La verdadera eficacia espiritual, según Pedro, está ligada al carácter del obrero. Pedro nos señala siete «cualidades» que, sumadas a nuestra fe, crean una base para ser útiles y fructíferos en la obra de Dios: honradez, recto criterio, dominio de sí mismo, constancia, piedad sincera, afecto fraterno y amor. Esta lista coincide con la descripción que hace Pablo del fruto del Espíritu en

Gálatas 5.22-23, pero aquí Pedro subraya la opción que tenemos en estas actitudes y valores, estos rasgos de carácter. Podemos o no poseerlos en una medida importante. Tenemos que realizar algún esfuerzo para tenerlos. Así como Adán cuidó los frutos del jardín, nosotros somos responsables de cuidar los frutos del Espíritu.

Y no debemos quedarnos estancados en estas cualidades, sino *añadir* a ellas, según Pedro. Entonces, a partir de estas cualidades internas, vendrán las acciones correctas, así como de la buena tierra crecen los buenos frutos. Las capacidades y los dones encontrarán un buen lugar para echar raíces en el carácter que está creciendo para ser como Jesús.

La promesa del versículo de hoy es grandiosa: si poseemos las cualidades que Pedro señala, no podemos fracasar porque, a medida que crecemos en semejanza a Cristo, crecemos en eficacia espiritual. No es de extrañar que Pedro nos exhorte a ser diligentes —"esforzarnos al máximo"— para añadir estas cualidades a nuestra fe. Estos rasgos de carácter reflejarán a Cristo en cada obra que él nos ha llamado a hacer.

Pregúntate...

▶ ¿Veo que mis esfuerzos por caminar con Cristo y construir su reino dan fruto?

▶ ¿Qué esfuerzos reales estoy haciendo para ser más virtuoso? ¿Para tener más conocimiento? ¿Para tener más dominio propio? ¿Para ser más firme? ¿Para ser más como Dios quiere? ¿Para ser afectuoso con otros creyentes?

▶ ¿Cómo puedo ayudar a mis hermanos en Cristo a crecer en estas características?

Sugerencias para la oración

MAÑANA: Pídele a Dios que te revele áreas de tu vida en las que podrías crecer.

Puedes decir algo así:

> *Señor, a medida que avanzo en mi jornada, revélame las cualidades que me faltan para que pueda crecer y ser más fructífero en tu reino. Ayúdame a ser diligente para crecer en esas cualidades aprovechando cada oportunidad que me presentes para fortalecer los fundamentos que ya has puesto en Cristo.*

TARDE: Pídele a Dios un corazón humilde en tu labor por el reino y tu crecimiento con los hermanos en Cristo.

Puedes decir algo así:

> *Señor, dame un corazón humilde para que, al trabajar por una mayor eficacia espiritual para el reino, te atribuya todo fruto y todo éxito a ti. De la misma manera te pido que me des un corazón de servicio y afecto fraternal al servir a mis hermanos en Cristo en sus caminos.*

NOCHE: Agradece a Dios por sus dones y pídele que te guíe a crecer en tu fe.

Puedes decir algo así:

> *Te alabo, Padre, por los dones y capacidades que nos concedes. Gracias por obrar en mi vida para que cultive las cualidades necesarias para ser más eficaz para tu reino. Te pido tu guía en mi crecimiento en la fe, para sobreabundar en obras buenas y fructíferas mientras hago todo lo posible por ser cada vez más útil en tus manos.*

Un caos bueno

Sin bueyes un establo se mantiene limpio, pero se necesita un buey fuerte para una gran cosecha.
PROVERBIOS **14.4** NTV

Los bueyes son criaturas muy fuertes con una historia compartida con la humanidad. Se estima que su domesticación como animal de tiro comenzó hacia el año 4000 a.C. Se mencionan por primera vez en la Biblia en Génesis 12, en una lista de valiosos regalos del faraón a Abram. Un buey sano para jalar de un arado era caro, y una yunta que jalara al unísono lo era aún más. Si uno podía permitirse tales bestias, sin duda multiplicaban el trabajo que podía realizar y ampliaban su capacidad de plantar y cosechar.

Sin embargo, poseer un buey conlleva algunas implicaciones. Les gusta comer, no caben en espacios pequeños, huelen mal y no hacen sus necesidades donde tú quieres. ¡No hay forma de aprovechar su asombrosa fuerza sin tener que mirar por dónde se pisa! Es una buena metáfora de la vida: Si quieres producir algo de valor, tendrás que lidiar con el caos que puede llevar asociado.

El matrimonio, a pesar de todas sus maravillas, puede generar montones de residuos. Sacrificar los sueños individuales, superar los conflictos, lidiar con la familia política, negociar las finanzas, servir incluso cuando preferirías que te sirvieran... todo ello te da el caos de un «establo». Sin embargo, para quienes perseveran, la recompensa merece la pena.

Tener hijos puede ser, tanto en sentido figurado como literal, una de las decisiones más caóticas que se pueden tomar en la vida. Son un caos al comer, no saben lo que es un retrete hasta que se lo explicas (repetidamente) y siempre te acaban rompiendo el corazón. Pero la mayoría de los padres te dirían sin pestañear que volverían a tener hijos. La ganancia supera con creces el dolor.

Algunos hombres no están casados, y no todos van a criar hijos. No importa: el lugar de trabajo demuestra bastante bien el principio del establo caótico. Es arriesgado emprender un negocio, elegir una carrera, aceptar un ascenso o cambiar de trabajo. A veces hay que tomar la decisión de mudarse y dejar a amigos y familiares o perder una gran oportunidad de ascenso. Los empleados y los compañeros de trabajo no siempre hacen lo que esperas o ni siquiera lo que prometieron; los clientes y los jefes exigen más de lo que puedes dar; cada semana tienes que arreglar algo que ha saltado por los aires, ¡aunque no sea culpa tuya! Pero aceptamos el caos por las expectativas.

Ser activo en una congregación cristocéntrica es esencial, pero requiere tiempo, esfuerzo y sacrificio. La fuerza de una buena iglesia es como la de un buey: produce mucho más en conjunto de lo que puede producir individualmente, aunque los individuos no sean perfectos. A veces, también en la iglesia, tendrás que mirar por dónde pisas.

El principio de este versículo es que todo lo que tiene un valor viene con sus aspectos desagradables: trabajo duro, consecuencias impredecibles y riesgo real. Dios quiere que trabajemos en lo que él ha puesto en nuestras vidas, sin temer las consecuencias, centrándonos en crear algo de valor. A veces es complicado ver las oportunidades, por eso Pablo nos exhorta a reflexionar sobre este concepto:

> Asimismo ningún atleta puede obtener
> el premio a menos que siga las reglas. Y
> el agricultor que se esfuerza en su trabajo
> debería ser el primero en gozar del fruto de
> su labor. Piensa en lo que te digo. El Señor
> te ayudará a entender todas estas cosas.
> 2 Timoteo 2.5-7 NTV

Como hombres, Dios nos ha ofrecido posibilidades, y tenemos que entender claramente que el desorden que acompaña a nuestras elecciones va en el mismo paquete. Pero él no nos invitaría a cosas mayores si no fuera por nuestro bien; y si todo fuera fácil, eso no nos haría mejores hombres.

Pregúntate...

▶ ¿Hay algún ámbito de mi vida en el que haya cometido el error de pensar que debería ser fácil y sin trabajo duro ni riesgo?

▶ ¿Qué busco, en qué me esfuerzo y por qué cosas me sacrifico actualmente? ¿Entiendo que el «éxito» en esos ámbitos puede conllevar algún caos?

▶ ¿Qué me ha llamado Dios a hacer y tal vez lo he estado evitando porque sé que habrá que pagar un precio?

Sugerencias para la oración

MAÑANA: Pídele a Dios que te impulse a trabajar duro en cada área de tu vida.

Puedes decir algo así:

> *Padre, te ruego que me des una buena actitud e impulso para completar el trabajo que has puesto delante de mí, por muy duro o agotador que sea. Por favor, dame paciencia y energía para que pueda tener la misma actitud de trabajo y autodisciplina que se necesita para realizar obras aún mayores para tu reino.*

TARDE: Confiesa tu pereza o cualquier temor que te impida hacer lo que Dios te ha llamado a hacer.

Puedes decir algo así:

> *Padre, confieso que en algunas áreas de mi vida, a menudo pospongo las cosas o pongo excusas porque el trabajo es un «caos» o temo sus consecuencias. Señor, ayúdame a vencer la pereza, la ansiedad, la distracción y el miedo, para que pueda abrazar plenamente las tareas que tú has puesto ante mí.*

NOCHE: Pídele que te guíe a buscar las cosas correctas y a hacer sacrificios por los objetivos correctos.

Puedes decir algo así:

> *Señor todopoderoso, te pido ayuda y guía en mi esfuerzo por alcanzar mis metas. Guárdame en el camino que me has marcado, para que en todo lo que haga te honre. Te ruego que quites de mí toda ambición egoísta y orgullo. Por favor, dame un corazón de servicio como el de Jesús.*

DÍA 10

Los síes y noes

> El Señor Dios tomó al hombre y lo puso en el
> huerto del Edén para que lo cultivara y lo cuidara.
> Y el Señor Dios ordenó al hombre: «De todo
> árbol del huerto podrás comer, pero del árbol del
> conocimiento del bien y del mal no comerás, porque
> el día que de él comas, ciertamente morirás».
> GÉNESIS 2.15-17 NBLA

Adán fue diseñado para disfrutar de una unión inin-terrumpida con Dios y con el mundo que le rodeaba. Estaba libre de pecado y vivía en un jardín plantado por Dios mismo. Solo tenía una restricción: no comer del fruto del árbol del conocimiento del bien y del mal. Y no era un mandamiento arbitrario; era para protegerle. Dios le explicó claramente a Adán por qué le prohibió ese fruto: era lo único que pondría fin a la unión para la que había sido creado, e introduciría la muerte en el mundo. Era el único «no» en un mundo de «síes»... por un tiempo.

Eva aún no había sido creada cuando Dios le dijo a Adán que no comiera de ese árbol. Nació justo después de que se diera ese mandamiento:

Entonces el SEÑOR Dios dijo: «No es bueno que el hombre esté solo; le haré una ayuda adecuada». Génesis 2.18 NBLA

Y vaya si lo hizo. Adán estaba encantado y la pareja era feliz. Tenían la misma unión ininterrumpida que Adán disfrutaba con Dios (Génesis 2.23-25). Adán, como buen marido, explicó el mandamiento que había recibido de Dios y, al parecer, añadió uno propio:

La mujer respondió a la serpiente: «Del fruto de los árboles del huerto podemos comer; pero del fruto del árbol que está en medio del huerto, Dios ha dicho: «No comerán de él, ni lo tocarán, para que no mueran"». Génesis 3.2-3 NBLA

Adán fue un buen marido, reflejó el deseo de Dios de proteger de la destrucción a la persona que amaba. Y como autoridad de Eva, Adán tenía derecho a añadir su propio «no» para protegerla. Pero, claro, todos sabemos que dos «noes» tampoco funcionan:

La mujer quedó convencida. Vio que el árbol era hermoso y su fruto parecía delicioso, y quiso la sabiduría que le daría. Así que *tomó* del fruto y *lo comió*. Después le dio un poco a su esposo que estaba con ella, y él *también comió*. Génesis 3.6 NTV

Es interesante observar que, aunque Eva desobedeció dos «prohibiciones» (tocar y comer), las consecuencias de sus actos solo se produjeron después de que Adán comiera el fruto. Él era el responsable final de la obediencia. No protegió a su esposa, ni a su propia alma, ni a su descendencia, y transmitió la tendencia a ignorar a Dios a todas las generaciones que le siguieron. Su acto de desobediencia se multiplicó en toda la variedad de cosas que hoy llamamos pecado. No es de extrañar que los «noes» parezcan multiplicarse a lo largo de la Biblia... ¡simplemente siguen el paso de las formas que el hombre ha inventado para no prestar atención a Dios!

Algunas personas desechan la Biblia como una mera colección de normas y restricciones y pasan por alto el propósito original de los «noes» de Dios. Quería mantenernos en comunión con él, con los demás y con el mundo que nos rodea, para protegernos de la autodestrucción. Incluso la ley del Antiguo Testamento, con todas sus prohibiciones y reglamentos, era un regalo para proteger a su pueblo, para aumentar su alegría, no para acabar con ella, y, en última instancia, para llevar a las personas a Cristo:

> Dicho de otra manera, la ley fue nuestra tutora hasta que vino Cristo; nos *protegió* hasta que se nos declarara justos ante Dios por medio de la fe. Gálatas 3.24 NTV

Ahora, habiendo sido reconciliados con Dios a través de y en Jesucristo, los «noes» de Dios no son una ley que conlleva una dura pena, sino que proporcionan una libertad real y crean una experiencia santa con nuestro Señor. En Cristo, cualquier «no» de nuestro Padre significa vida y paz para nosotros.

Pregúntate...

▶ ¿Hay algún área de mi vida o de mi forma de pensar en la que Dios dice «no» pero que he estado haciendo de todos modos?

▶ ¿Qué mandamientos de Dios me parecen más duros o restrictivos que liberadores y protectores?

▶ ¿Hay alguien en mi vida a quien yo deba proteger y podría hacerlo mejor?

Sugerencias para la oración

MAÑANA: Pídele al Señor que te ayude a desprenderte de las áreas de tu vida que son autodestructivas.

Puedes decir algo así:

> *Padre, te pido perdón por aferrarme a las cosas de mi vida que sé que son autodestructivas, a pesar de tus mandamientos. Te lo entrego todo a ti. Tú traes alegría y paz, y yo quiero deleitarme en la libertad que solo tú puedes dar. Señor, por favor, libérame de cualquier esclavitud que yo me cree, y dame la fuerza y la disciplina para enfrentar estas áreas de mi vida y abandonarlas.*

TARDE: Pídele a Dios que cambie tu actitud para ver sus mandamientos como algo que te protege, no como algo restrictivo.

Puedes decir algo así:

> *Señor todopoderoso, confieso que en lo que respecta a guardar tus mandamientos a menudo lucho con una actitud egoísta y rebelde. Moldea mi corazón para que entienda la libertad que tú nos ofreces con las normas que nos das. Te doy gracias, Padre, por los mandamientos que me mantienen en comunión contigo.*

NOCHE: Pídele al Padre que te ayude a proteger mejor a las personas de las que eres responsable.

Puedes decir algo así:

> *Señor, por favor, ayúdame a ser un mejor siervo y escudo para aquellos que tengo la responsabilidad de proteger. Te pido, por favor, que me ayudes a no «abandonar mi puesto» cuando sea tentado por las ofertas del mundo, sino que me mantenga firme con valentía y lealtad, para que, cumpliendo tus mandamientos, pueda proteger a los que amo.*

Orgullo

Mientras contemplaba la ciudad, dijo: «¡Miren esta grandiosa ciudad de Babilonia! Edifiqué esta hermosa ciudad con mi gran poder para que fuera mi residencia real a fin de desplegar mi esplendor majestuoso». Mientras estas palabras aún estaban en su boca, se oyó una voz desde el cielo que decía: «¡Rey Nabucodonosor, este mensaje es para ti! Ya no eres gobernante de este reino. Serás expulsado de la sociedad humana. Vivirás en el campo con los animales salvajes y comerás pasto como el ganado. Durante siete períodos de tiempo vivirás de esta manera hasta que reconozcas que el Altísimo gobierna los reinos del mundo y los entrega a cualquiera que él elija».

Daniel 4.30–32 NTV

El éxito y los logros son algo magnífico, a menos que te lleven a olvidar verdades espirituales básicas. Verdades como: sin Dios no puedes lograr nada. Él es el Altísimo, y por mucho que consigamos en la tierra, nuestro *éxito* es en última instancia algo que él nos *da*. Nos lo da para sus propósitos, no para nuestro orgullo. De hecho, ni siquiera podemos procurar nuestro sustento sin Dios, como señaló Moisés al pueblo cuando estaban a punto de entrar en la tierra prometida:

> En el desierto te alimentó con el maná que tus padres no habían conocido, para humillarte y probarte, y para finalmente hacerte bien. No sea que digas en tu corazón: «Mi poder y la fuerza de mi mano me han producido esta riqueza». Pero acuérdate del Señor tu Dios, porque Él es el que te da poder para hacer riquezas, a fin de confirmar Su pacto, el cual juró a tus padres como en este día. Deuteronomio 8.16-18 NBLA

Nos movemos en una economía diseñada por Dios, y nuestras carreras, nuestro trabajo, nuestro sueldo —todas nuestras actividades— son un regalo de él. Santiago recuerda a los creyentes, como hizo Moisés, que el futuro pertenece a Dios, y que el éxito en este mundo está en sus manos:

> En cuanto a ustedes, los que dicen: «Hoy o mañana iremos a tal ciudad y pasaremos allí el año negociando y enriqueciéndonos», ¿saben, acaso, qué les sucederá mañana? Pues la vida es como una nube de vapor, que aparece un instante y al punto se disipa. Harían mejor en decir: «Si el Señor quiere, viviremos y haremos esto o aquello». Pero no; ustedes alardean con fanfarronería, sin pensar que semejante actitud es siempre reprochable. Santiago 4.13-16 BLPH

¡Qué fácil y natural nos resulta atribuirnos el mérito de nuestro éxito! Pero es una necedad. Esa es la moraleja de la historia de Nabucodonosor: la arrogancia siempre trae consigo la corrección. Como dijo el apóstol Pedro:

> Dios resiste a los soberbios, pero da gracia a los humildes. 1 Pedro 5.5 NBLA

Dios, que es la Fuente de todas las cosas, no se limita a ignorar a los orgullosos o a esquivarlos, sino que se *opone* activamente a ellos. Tal vez pienses que los «orgullosos» son los que niegan la existencia de Dios o se burlan de la religión. Seguramente pueden serlo, pero cuando nosotros como creyentes, conociendo a Cristo, somos tentados a darnos palmaditas en la espalda, debemos tomar nota, como Nabucodonosor, de que estamos dando el mérito a la persona equivocada. Y no hace falta ser un «superdotado» repelente para llamar la atención de Dios. Cualquiera que se atribuya el mérito de lo que Dios ha hecho puede disfrutar de la bendición de su dolorosa misericordia y su amorosa corrección. Dios reprende la necedad de los altos y los inferiores por igual, porque él es misericordioso con todos.

Pregúntate...

▶ ¿Qué cosas he conseguido y me gusta obtener reconocimiento por ellas? ¿Las saco alguna vez en una conversación para hablar de ellas? ¿Por qué?

▶ ¿Alguna vez Dios te ha hecho caer del caballo al suelo para ayudarte a verle mejor?

▶ Si tuviera que enumerar todos mis logros en la vida, ¿podría contar también cómo Dios obró en cada uno de ellos para su gloria?

Oración

MAÑANA: Pídele a Dios que te ayude a mantenerte humilde gracias a su justa corrección, para que puedas regocijarte en los dones que él te da.

Puedes decir algo así:

> *Padre, en tu amorosa misericordia,*
> *corrige mi orgullo y mi jactancia. Te*
> *pido que me moldees para ser un hombre*
> *humilde y agradecido por cada éxito, sea*
> *grande o pequeño. Ayúdame a ver como*
> *tú quieres los logros de mi vida para que*
> *solo pueda disfrutar honrándote a ti, con*
> *acción de gracias.*

TARDE: Alaba a Dios por los momentos en los que te ha hecho «caer del caballo» para ayudarte a verle mejor, y a dejar la ira y el resentimiento.

Puedes decir algo así:

> *Dios todopoderoso, gracias por enseñarme*
> *a ver con más claridad, incluso cuando*
> *la lección parece dura. Me rindo a ti*
> *y te pido perdón por cualquier enojo*
> *o resentimiento que haya guardado.*
> *Por favor, sigue enseñándome Señor, e*
> *infunde en mí la confianza de seguir tu*

voluntad, en lugar de intentar lograr algo
por mí mismo.

NOCHE: Pídele al Señor que te ayude a superar la utilización de tus logros en conflictos y los celos por el éxito de los demás.

Puedes decir algo así:

Señor, te confieso que presumo de mis
logros para superar a los demás o
demostrar mi valor. También dejo que me
distraigan los celos y el resentimiento por
el éxito de los demás: ¡Padre, líbrame de
esta arrogancia! Te pido que cambies mi
actitud de orgullo por una llena de gracia,
amor y entusiasmo sincero por los demás,
que te dé toda la gloria a ti.

Sexualidad, Parte 1

... dejará el hombre a su padre y a su madre y se unirá a su mujer, y ambos llegarán a ser como una sola persona. Es grande la verdad aquí encerrada, y yo la pongo en relación con Cristo y con la Iglesia.
EFESIOS 5.31–32 BLPH

No es de extrañar que vivamos en una nación y una época obsesionadas con la sexualidad. Tras la llamada «revolución sexual» de la década de 1960, el sexo pasó del ámbito de lo privado al del entretenimiento. De repente, la monogamia estaba «pasada de moda» en la era del «amor libre». Palabras como *reprimido* y *mojigato* se hicieron más populares para describir a personas que aún valoraban el pudor y el autocontrol. La pornografía se abrevió como «porno», como si ponerle un apodo a una enfermedad la hiciera menos mortal. Con la llegada del reproductor de vídeo doméstico y la televisión por cable, la gente podía alquilar discretamente películas para adultos, y su demanda se disparó. Iconos culturales como Andy Warhol y Hugh Hefner se pusieron a la cabeza, calificando la promiscuidad de normal y saludable... incluso de «arte».

Los resultados son evidentes: aumento de la actividad sexual entre los adolescentes, enfermedades venéreas, abortos, divorcios y adicción a la pornografía. Esta «revolución» no condujo a más libertad, sino a más esclavitud y confusión.

Los autores del Nuevo Testamento sabían lo que era vivir en un mundo retorcido, rodeados de valores paganos romanos y griegos. Sin embargo, tenían muy claro el diseño divino sobre la sexualidad y el matrimonio. Hoy debemos tener claros sus planes y expectativas también para el sexo, y mantener una perspectiva bíblica.

El matrimonio debe ser una manifestación de la intimidad que Cristo planea para su Esposa.

Este misterio es, cuando menos, «profundo»: el matrimonio, consumado debidamente, fue diseñado para ser un testimonio al mundo del plan que Dios revelará en la plenitud de los tiempos. Cristo quiere la unidad con su pueblo de la misma manera que un hombre con amor y respeto desea la unidad con su esposa.

El sexo dentro del matrimonio fomenta la unidad.

Jesús les contestó: —Ustedes han leído que Dios, cuando creó al género humano, los hizo hombre y mujer y dijo: Por esta razón dejará el hombre a sus padres, se unirá a una mujer y ambos llegarán a ser como una sola persona. De modo que *ya no son dos personas, sino una sola.* Mateo 19.4-6 BLPH

Desde el principio, el plan de Dios para el matrimonio era la unidad. Una unidad sagrada que va más allá de la separación y que puede representarse metafóricamente con el nacimiento de un hijo: los dos se funden en una sola persona.

El matrimonio debe ser honrado por la sociedad, no tratado a la ligera.

> Que todos respeten el matrimonio...
> Hebreos 13.4 BLPH

Todo matrimonio contraído legítimamente por un hombre y una mujer debe considerarse inviolable, sobre todo entre los creyentes, que son quienes más deberían disfrutarlo.

La relación sexual en el matrimonio no debe mezclarse con la perspectiva mundana.

> ... y mantengan limpia su vida conyugal,
> pues Dios juzgará con severidad a los
> adúlteros y lujuriosos. Hebreos 13.4 BLPH

Un marido piadoso debe preguntar literalmente *¿qué haría Jesús en la cama?* Todo tipo de egoísmo es anticristiano, pero en el lecho matrimonial es particularmente destructivo. La actitud de un marido respetuoso debe estar caracterizada por la generosidad, no por el egoísmo.

Una mala conducta sexual es un problema del corazón, no un problema físico.

> Porque del corazón proceden las malas
> intenciones, los asesinatos, los adulterios,

las inmoralidades sexuales, los robos, las
calumnias y las blasfemias.
Mateo 15.19 BLPH

El pecado nace de nuestro interior, de nuestro yo
natural, de nuestra carne. Pero Jesús nos está haciendo
nuevos de adentro hacia afuera por miedo de su
Espíritu Santo. Este es el punto de partida para un
cambio real en nuestra manera de entender el sexo y
en nuestro comportamiento sexual.

**En última instancia, nuestro cuerpo ni siquiera
nos pertenece.**

¿O no saben que su cuerpo es templo del
Espíritu Santo que está en ustedes, el cual
tienen de Dios, *y que ustedes no se pertenecen
a sí mismos?* Porque han sido comprados por
un precio. Por tanto, glorifiquen a Dios en
su cuerpo. 1 Corintios 6.19-20 NBLA

Los creyentes no tienen derecho a hacer mal uso
de su cuerpo. Es propiedad de otra persona.

Hay un diseño y propósito para nuestra sexualidad
que es trascendente. El matrimonio es el contexto de
su sana expresión, una metáfora viva del misterio de
Cristo y la iglesia. En el contexto de un matrimonio
sano, el sexo es mucho más que un disfrute físico:
es una expresión espiritual, que honra a Dios y da
testimonio de la verdad de su plan.

Si estás casado, pregúntate esto...

▸ ¿Hay algo en mi corazón o en mi mente que contamine el lecho matrimonial?

▸ ¿Protejo a mi esposa evitando ser egoísta en el sexo? ¿O soy impaciente y exigente con el sexo?

▸ ¿Cómo le explicaría el aspecto sagrado del sexo a un joven recién casado?

▸ ¿Animo a los hombres casados que conozco a honrar su matrimonio?

Casado o soltero, pregúntate esto...

▶ ¿He absorbido de alguna manera los puntos de vista del mundo sobre el tema de la sexualidad, el matrimonio, el divorcio, la pornografía, la fornicación o la homosexualidad?

▶ ¿Cómo le expresaría la perspectiva de Dios sobre el adecuado diseño del sexo a alguien no familiarizado con la Biblia?

▶ ¿Hay algo de lo que deba arrepentirme o confesar a alguien de confianza?

Sugerencias para la oración

MAÑANA: Confiesa cualquier reducto de inmoralidad sexual que hayas permitido en tu vida y pídele a Dios que te limpie.

Puedes decir algo así:

> *Padre Santo, clamo a ti para pedirte perdón. He permitido que el mundo infecte mi manera de entender la intimidad y el sexo, y así he permitido que la lujuria y la inmoralidad hallen un lugar en mi corazón. En tu misericordia, límpiame en mi interior, para que lo que salga de mi corazón te honre siempre.*

TARDE: Estés casado o no, pídele al Señor que te guíe y te moldee para llegar a ser el hombre que necesitas ser en todas las relaciones.

Puedes decir algo así:

> *Padre bueno, te pido que me guíes cuando me pierdo en el laberinto de la lujuria y los pensamientos inmorales. Por favor, dame la fuerza y la sabiduría para ver las salidas que tú siempre provees. Padre, te ruego que me guíes y me transformes en un hombre lleno de paciencia, comprensión y mansedumbre, para que*

mi corazón esté libre de deseos egoístas y
exigentes, y para que pueda proteger la
santidad de todas las relaciones.

NOCHE: Pídele al Señor que te fortalezca cuando te enfrentes a oportunidades de inmoralidad.

Puedes decir algo así:

Dios todopoderoso, clamo a ti porque a
menudo me ataca la tentación sexual.
Guarda mi corazón contra el enemigo
que quiere verme destruido. Tú estás
dentro de mí Señor, y todo lo puedo
en la fuerza que tú provees. Por favor
ayúdame a limpiar mi mente, y ruego
que tu santidad me llene, para que pueda
permanecer firme en Cristo.

Sexualidad, Parte 2

Dios, en efecto, quiere que vivan como consagrados a él, que se abstengan de acciones deshonestas y que cada uno de ustedes sepa vivir con su mujer santa y decorosamente, sin que los arrastre la pasión, como arrastra a los paganos que no conocen a Dios. Y que nadie en este asunto atropelle o conculque los derechos de su hermano porque, como ya les dijimos e insistimos en su día, el Señor hará justicia de todas estas cosas.

1 TESALONICENSES 4.3–6 BLPH

El principio de una visión sana de nuestra sexualidad está en comprender el buen plan que Dios tiene para el matrimonio. Pero no está completo sin un plan de acción para evitar la inmoralidad. Se nos manda: «no piensen en proveer para las lujurias de la carne» (Romanos 13.14 NBLA). Las Escrituras nunca separan la creencia de la acción: una da lugar a la otra.

Dicho sin rodeos, no podemos permitirnos ir por la vida sin un plan para mantenernos alejados de las trampas de la lujuria, la pornografía, la fornicación y el adulterio.

El prudente se anticipa al peligro y toma precauciones.

El simplón sigue adelante a ciegas y sufre las consecuencias. Proverbios 27.12 NTV

Entonces, ¿cómo es un plan de acción para evitar la inmoralidad?

Necesitamos establecer un sentido de urgencia.

Amados, les *ruego* como a extranjeros y peregrinos, que se abstengan de las pasiones carnales que *combaten* contra el alma.
1 Pedro 2.11 NBLA

Estamos hablando de guerra. No es algo que pueda abordarse a la ligera. Aunque no tuviéramos un enemigo activo —que lo tenemos—, nuestra propia carne, nuestra conexión con este mundo, no ayuda. En esta lucha, necesitamos la ayuda de hombres con ideas afines con los que podamos relacionarnos para protegernos con una rendición de cuentas afectuosa pero radicalmente honesta.

UN COMPROMISO TOTAL DE HONRAR A CRISTO CUESTE LO QUE CUESTE: CASADO O SOLTERO.

Ustedes saben que se dijo: No cometas adulterio. Pero yo les digo: El que mira con malos deseos a la mujer de otro, ya está adulterando con ella en el fondo de su corazón. Así que, si tu ojo derecho es para ti ocasión de pecado, *sácatelo y arrójalo* lejos de ti. Más te vale perder una parte del cuerpo que ser arrojado entero a la gehena.
Mateo 5.27-29 BLPH

Jesús emplea aquí la hipérbole, y el efecto es asombroso: el pecado sexual es como una enfermedad que se extiende, y es mejor la amputación que la destrucción total. Si tu vida estuviera en juego, ¿qué parte de tu cuerpo no sacrificarías para vivir? Esta debe ser nuestra mentalidad para evitar que las tentaciones sexuales nos destruyan.

Si uno se llena continuamente de las cosas correctas deja menos espacio para las cosas incorrectas.

> El que tiene el estómago lleno *rechaza* la miel; pero al hambriento, hasta la comida amarga le sabe dulce. Proverbios 27.7 NTV

> Los exhorto, pues, a que vivan de acuerdo con las exigencias del Espíritu y *así no se dejarán arrastrar por desordenadas apetencias humanas*. Gálatas 5.16 BLPH

Cuando estamos llenos de lo verdadero no dejamos lugar para lo falso. La Palabra de Dios y la oración deben ser como un banquete en el que nuestras mentes se den un festín, no un mero bocado. Nuestro pensamiento debe establecer su campamento en lo que es justo y espiritualmente sano:

> Por lo demás, hermanos, todo lo que es verdadero, todo lo digno, todo lo justo, todo lo puro, todo lo amable, todo lo honorable, si hay alguna virtud o algo que merece elogio, *en esto mediten*. Filipenses 4.8 NBLA

Usa un poco de sentido común cristiano.

> Miraba a una pandilla de *incautos* y distinguí entre ellos a un joven insensato: cruzó la calle, junto a la esquina, y se encaminó a la casa de la mujer. Era la hora del ocaso, al caer la tarde, cuando llega la noche y oscurece. Proverbios 7.7-9 BLPH

No podemos permitirnos ser «simples» y «faltos de sentido común», y deambular por ámbitos que sabemos que serán un problema. No hay nadie que pueda enfrentarse a la tentación sexual por mucho tiempo y salir victorioso. Sabemos que no debemos quedarnos en situaciones de tentación en Internet, en el trabajo, en nuestros barrios, en casa o en viajes de negocios. La mayoría de nosotros sabemos dónde y cuándo están los verdaderos problemas antes de enfrentarnos a ellos.

¡Prepárate para salir corriendo!

> *Huyan* de la lujuria. Cualquier otro pecado que la persona cometa queda fuera del cuerpo, pero el pecado de la lujuria ofende al propio cuerpo. 1 Corintios 6.18 BLPH

En última instancia, tenemos que estar dispuestos a poner la distancia necesaria entre nosotros y el pecado sexual. Y este versículo no implica solo huir en el momento mismo de la tentación: abarca todos los puntos de acción anteriores. Si hemos de honrar a Dios en nuestra vida debemos huir siempre del pecado y dirigirnos hacia él.

Pregúntate...

▶ ¿De verdad yo creo que el pecado sexual es tan grave como lo creían los escritores bíblicos? ¿He puesto excusas a mi forma de pensar o de actuar?

▶ ¿Tengo algún hábito sexual del que me avergonzaría hablar incluso con un amigo de confianza o un consejero?

▶ ¿Estoy cometiendo la imprudencia de pasar demasiado tiempo en Internet o viendo programas indebidos? ¿Paso demasiado tiempo con la persona o personas equivocadas?

▶ ¿Estoy llenando mi mente y mi corazón con las cosas adecuadas?

Sugerencias para la oración

MAÑANA: Pídele a Dios que te guíe para establecer salvaguardas contra las tentaciones.

Puedes decir algo así:

> *Padre todopoderoso, por favor, perdóname por permitir que mis defensas se estanquen o por pensar que puedo manejar estas tentaciones sin tu ayuda. No puedo pelear esta guerra sin ti, Señor. Guíame para poner salvaguardias más fuertes en mi vida, para que pueda estar verdaderamente preparado para las batallas venideras.*

TARDE: Confiésale lo que tal vez te dé vergüenza confesar a otra persona, pidiéndole perdón y confiando en su fidelidad.

Puedes decir algo así:

> *Padre, te confieso mis luchas con la lujuria, la pornografía y los pensamientos sexualmente inmorales, por dejar que todos ellos perduren como una enfermedad, y por encontrarme a menudo repitiendo los mismos errores una y otra vez. Te doy gracias por tu fidelidad y misericordia al amarme a pesar de mis*

decisiones. Líbrame del control que estas
cosas tienen sobre mis pensamientos y
mi vida, y ayúdame a destruir cualquier
excusa que yo cree para continuar en estos
ciclos.

NOCHE: Pídele a Dios que te dé un corazón que busque conocer su Palabra para que tu mente se llene de cosas buenas.

Puedes decir algo así:

Señor, confieso que a veces prefiero
disfrutar de distracciones mundanas en
lugar de pasar tiempo en tu Palabra.
También confieso que al mismo tiempo
me pregunto egoístamente por qué «no
tengo respuestas», ¡aunque tú ya me las
has dado en tu Palabra! Perdona mi
ignorancia y sustitúyela por un hambre
insaciable de deleitarme con lo que tú has
escrito.

DÍA 14

Crecer

Así que yo, hermanos, no pude hablarles como a
espirituales, sino como a carnales, como a niños
en Cristo. Les di a beber leche, no alimento sólido,
porque todavía no podían recibirlo. En verdad, ni
aun ahora pueden, porque todavía son carnales.
1 Corintios 3.1–3 NBLA

¿Recuerdas el momento en que te diste cuenta de que
ya no eras un niño? Quizá fue un pequeño detalle,
como recibir tu primer sueldo o la licencia de conducir.
Tal vez fue un momento de transición importante,
como graduarse en la escuela secundaria o mudarse
a vivir solo. Quizás fue un momento difícil, como
la pérdida de uno de los padres o una enfermedad
potencialmente mortal. Fuera cual fuera tu caso, todos
los hombres saben que en algún momento la niñez
llega a su fin y comienza la edad adulta.

Fuimos diseñados para crecer; crecer es bueno.
Incluso Jesús experimentó el crecimiento hacia la
madurez. Lucas nos ofrece dos incidentes interesantes
sobre los primeros años de la vida de Jesús. Desde su
circuncisión a los ocho días de edad hasta que tenía
doce años, Lucas resume la infancia de Jesús en una
sola declaración:

Y el Niño *crecía* y se fortalecía, llenándose de sabiduría; y la gracia de Dios estaba sobre Él. Lucas 2.40 NBLA

Cuando Jesús tenía doce años, sus padres lo llevaron a Jerusalén para la Pascua. Pero cuando partieron de regreso a casa, Jesús se quedó atrás. Suponiendo que estaba con sus parientes en la caravana, José y María no descubrieron su error hasta un día después. Volvieron a Jerusalén y buscaron durante tres días más. Cuando encontraron a Jesús en el templo escuchando y haciendo preguntas a los rabinos, parecía sorprendido de que hubieran tardado tanto en averiguar dónde estaba:

—¿Pero por qué tuvieron que buscarme? —les preguntó—. ¿No sabían que tengo que estar en la casa de mi Padre? Lucas 2.49 NTV

Con este incidente, Jesús dio a conocer de quién era Hijo. Ya no era el hijito de José y María: se estaba haciendo hombre conforme al plan de Dios:

Y Jesús *crecía* en sabiduría, en estatura y en gracia para con Dios y los hombres. Lucas 2.52 NBLA

Nuestra madurez espiritual como creyentes debe seguir el mismo patrón que experimentó Jesús. Debemos *aumentar* en entendimiento piadoso y estatura espiritual. El lamento que Pablo dirige a la iglesia de Corinto en el versículo de hoy era que se habían quedado en la infancia espiritual en lugar de crecer para convertirse en «hombres espirituales». No mostraban ninguna de las marcas de la edad adulta en su fe. Al igual que los niños, estas personas eran celosas, pendencieras, cautivas de sus emociones, jactanciosas, carentes de autocontrol y no entendían correctamente las Escrituras, ¡y eso decepcionaba mucho a Pablo! Ya era hora de que vivieran lo que el mismo Pablo había vivido:

> Cuando yo era niño, hablaba, pensaba y razonaba como un niño; pero cuando crecí, dejé atrás las cosas de niño.
> 1 Corintios 13.11 NTV

El escritor de Hebreos presentó una queja muy similar ante los lectores obstinadamente inmaduros de su carta:

> Hace tanto que son creyentes que ya deberían estar enseñando a otros. En cambio, necesitan que alguien vuelva a enseñarles las cosas básicas de la palabra de Dios. *Son como niños pequeños* que necesitan leche y no pueden comer alimento sólido. Pues el que se alimenta de leche *sigue siendo bebé* y no sabe cómo hacer lo correcto. El alimento sólido es para los que son *maduros*, los que a fuerza de práctica están capacitados para distinguir entre lo bueno y lo malo. Hebreos 5.12-14 NTV

Si actuamos como niños pequeños y no como hombres en lo que respecta a nuestra fe, estamos negando el destino mismo para el que nacimos por el Espíritu de Dios. La intención de Dios es tener hijos, sí, pero crecidos, a imagen de su Hijo (Romanos 8.29). Debemos actuar deliberadamente, estudiando la Palabra de nuestro Padre, orando por su guía, compartiendo nuestras luchas con hermanos que quieren lo mismo para sus vidas, y contándoles a todos a nuestro alrededor acerca de su amor y grandes promesas. Esas son las cosas propias de los hombres adultos y que este mundo necesita.

Pregúntate...

- ¿Qué evidencias de que estoy creciendo en Cristo puedo señalar en mi propia vida?

- ¿Me he vuelto complaciente o relajado en alguna disciplina espiritual que antes solía cumplir?

- ¿Cómo puedo crecer en sabiduría de manera que ayude a otros hombres a parecerse más a Jesús?

- ¿Debería estar ya enseñando las cosas de Dios? ¿Cómo puedo empezar?

Sugerencias para la oración

MAÑANA: Pídele a Dios sabiduría para crecer más en Cristo.

Puedes decir algo así:

> *Padre, dame la sabiduría y el entendimiento para superar mi infancia espiritual, para que pueda seguir creciendo en ti y en tu Palabra. Padre, por favor guíame para ser más como Cristo y llévame a la madurez espiritual para ser un hombre que sirva mejor a tu reino.*

TARDE: Ora para combatir la distracción y la complacencia en tu vida espiritual.

Puedes decir algo así:

> *Padre todopoderoso, te ruego que me ayudes en mi lucha contra la distracción y el estancamiento. Te pido que me ayudes a perfeccionar mi enfoque espiritual y a quitar la pereza y la inacción que he permitido en mi caminar espiritual contigo. Perdóname por ser complaciente y por poner excusas. Por favor, renueva mi energía para conocerte.*

NOCHE: Pídele al Señor un corazón humilde durante tu crecimiento espiritual y sabiduría cuando ayudes o enseñes a otros.

Puedes decir algo así:

> *Padre, por favor, revélame las áreas en las que necesito crecer y madurar para poder guiar y enseñar a otros cuando sea necesario. Te pido también un corazón humilde y apacible que te honre. Te pido que quites la arrogancia y el orgullo que a menudo se apoderan de quienes están en una posición de enseñanza o mentoría. Te pido que me hagas responsable recordando que todos juntos estamos creciendo en ti.*

Comunidad

Mantengámonos firmes sin titubear en la esperanza que afirmamos, porque se puede confiar en que Dios cumplirá su promesa. Pensemos en maneras de motivarnos unos a otros a realizar actos de amor y buenas acciones. Y no dejemos de congregarnos, como lo hacen algunos, sino animémonos unos a otros, sobre todo ahora que el día de su regreso se acerca.
HEBREOS 10.23-25 NTV

Es un hecho probado que los hombres no establecen tantas relaciones profundas con otros hombres como antes. En el último siglo, sobre todo en Estados Unidos, los hombres que comparten su tiempo y sus emociones con otros hombres se han hecho cada vez menos populares. Los cambios sociales, desde la Revolución industrial hasta la mayor movilidad debida al automóvil, empezaron a cambiar el mercado, ofreciendo mejores puestos de trabajo en zonas más urbanas. Los hombres se alejaron de las amistades que habían desarrollado en sus granjas y pequeñas comunidades y optaron por las ciudades, donde abundaban las oportunidades profesionales. A este fenómeno se unió el creciente interés de la clase media por la familia nuclear. Los hombres simplemente ya no tenían tiempo, y las amistades profundas con otros hombres fueron lo primero en desaparecer. Seguro que todos tenemos amigos, pero la mayoría de las veces estas relaciones se forman en torno a la escuela, el trabajo o los deportes, sin garantía de profundidad y mucho menos de un compromiso significativo. Son amigos del tipo de los que el escritor Billy Baker, del *Boston Globe*, llama «accidentes de proximidad».

Incluso la iglesia puede ser un lugar superficial para los hombres. Tanto si nos mantenemos en el anonimato, saludando con un gesto a hombres cuyos nombres desconocemos, como si nos ocupamos de las cosas que mantienen la iglesia en marcha, es tan fácil quedarse sin ánimo espiritual en la iglesia como lo es en el partido de softball de la empresa.

Puede que esta sea la cultura en la que todos hemos nacido, pero no tenemos por qué aceptarla. Dios estableció la iglesia como el «cuerpo de Cristo», una identidad viva para todos nosotros:

> Así como nuestro cuerpo tiene muchas partes y cada parte tiene una función específica, el cuerpo de Cristo también. Nosotros somos las diversas partes de un solo cuerpo y *nos pertenecemos unos a otros*. Romanos 12.4-5 NTV

Fuimos llamados a un tipo especial de comunión; realmente nos pertenecemos unos a otros. Debemos abandonar cualquier diferencia cultural, reserva machista o fachada cristiana y ser vulnerables y auténticos. Debemos abrirnos con valentía y aceptar a los demás incondicionalmente. Debemos comprometernos unos con otros con toda humildad y con verdadera intencionalidad:

> Sean *afectuosos unos con otros* con amor fraternal; con honra, dándose preferencia unos a otros. *No sean perezosos en lo que requiere diligencia.* Sean fervientes en espíritu, sirviendo al Señor.
> Romanos 12.10-11 NBLA

Es al Señor mismo a quien servimos cuando servimos a nuestros hermanos, y es su ley la que cumplimos cuando nos entregamos al servicio de cualquiera de los suyos:

> Lleven los unos las cargas de los otros, y cumplan así la ley de Cristo.
> Gálatas 6.2 NBLA

Formar parte de una «buena iglesia» es solo el principio. La asamblea que elegimos nos necesita tanto como nosotros a ellos, por eso no podemos dejar de reunirnos. El aislamiento es enemigo de la intimidad. Las relaciones requieren tiempo, esfuerzo y reflexión; tenemos que planificar y trabajar para construirlas y mantenerlas, ¡porque los demás hombres están tan ocupados y distraídos como nosotros! Tenemos que pensar «en maneras de motivarnos unos a otros» en lugar de dar por sentado que eso ocurre siempre que nos encontramos.

Pregúntate...

▶ ¿Cuál es la mejor relación que tengo con otro hombre? ¿Me anima espiritualmente?

▶ ¿Me relaciono con algún grupo de hombres con los que podría compartir mis temores más profundos y mis mayores fracasos?

▶ ¿Es mi iglesia un lugar donde los hombres se relacionan y crecen, y yo formo parte de ello?

▶ ¿Qué puedo hacer para empezar a construir relaciones que me inspiren a mí y a otros a vivir más completamente para Cristo?

Sugerencias para la oración

MAÑANA: Pídele a Dios que te revele de qué manera puedes animar a tus hermanos en Cristo.

Puedes decir algo así:

> *Padre, a medida que avanzo en mi jornada, te pido que me reveles las formas en que puedo alentar y motivar a mis amigos y hermanos en Cristo en su camino espiritual. Dame la sabiduría, la fuerza y el discernimiento para ayudarlos a sobrellevar cualquier carga que les pese o los aísle, de modo que todos podamos crecer más unidos como hermanos que sirven en tu reino.*

TARDE: Pídele a Dios que te ayude a ser vulnerable con tus hermanos en Cristo.

Puedes decir algo así:

> *En ti, Señor, encuentro mi identidad, no en la fachada superficial de la masculinidad mundana. Por eso, confieso mi frecuente reserva en mi disposición a abrirme a los hombres con los que he entablado amistad, ya sea por miedo o por orgullo. Señor, ayúdame a tener el valor de poder hablar de mis cargas, miedos*

y dolores, que cuando tropiece busque
compañeros de rendición de cuentas que
me ayuden a volver a un camino que te
honre.

NOCHE: Acude a tu Padre celestial para que te dé fuerzas en los momentos en que te sientas aislado, y pídele oportunidades para entablar amistades profundas o fomentar las que ya tienes.

Puedes decir algo así:

Señor, sé que cuando estoy solo, tú sigues
estando conmigo. Cuando siento la
oscuridad del aislamiento, sé que tú eres
mi consuelo y mi fuerza. Padre, guíame
y dame valor para construir relaciones
piadosas, fortalecer amistades y encontrar
un compañerismo que me inspire a
glorificarte cada vez más y de todo
corazón.

No perfecto, simplemente llamado

Pues lo que en Dios parece absurdo es mucho más sabio que lo humano, y lo que en Dios parece débil es más fuerte que lo humano [...]. Dios ha escogido lo que el mundo tiene por necio, para poner en ridículo a los que se creen sabios; ha escogido lo que el mundo tiene por débil, para poner en ridículo a los que se creen fuertes.

1 CORINTIOS 1.25-27 BLPH

Si observas a los líderes de la Biblia verás un patrón inquietante: ¡no encajan en ningún patrón! Tienes pastores, esclavos, pescadores, huérfanos, príncipes, nómadas, soldados; algunos son elocuentes; otros son deslenguados; algunos eran de alta moral; muchos tenían debilidades enormes, había gente de habilidades cuestionables y decisiones dudosas. No responden a ningún perfil práctico.

Piensa en Noé. Llevó a su familia a la salvación construyendo un barco enorme y aparentemente inútil. Estaba dispuesto a quedar humillado ante un mundo impío si Dios no cumplía lo que había prometido. Y Dios lo cumplió, aunque Noé acabó embriagándose, desnudo y maldiciendo a uno de sus propios hijos (Génesis 9.20-25). Pronto todos sus descendientes fueron tan malos como los anteriores.

Moisés, tartamudo, príncipe, asesino y fugitivo, pasó más de cuarenta años guiando a unos israelitas testarudos, ignorantes y gruñones, y finalmente murió en el lado equivocado del Jordán porque deshonró a Dios delante de todos (Deuteronomio 34.5).

Abraham, elegido por Dios como socio de su pacto, tuvo un hijo ilegítimo al que expulsó al desierto, junto con su madre (Génesis 21.14). Su hijo Isaac, en el cual Dios cumpliría Su promesa, enemistó a su familia al favorecer a su hijo mayor, Esaú, sobre el hijo menor, Jacob (Génesis 25.28). Jacob fue, durante la mayor parte de su vida, un mentiroso y un tramposo. Al igual que su padre, sembró unos celos letales en el seno de su familia al favorecer a un hijo sobre los demás (Génesis 37.4).

El rey David, el cantautor, el forajido, el asesino, el adúltero y un hombre conforme al corazón de Dios (Hechos 13.22), sufrió la escisión de su familia y de su reino, que terminó con la muerte de su hijo usurpador, Absalón, que asesinó al hermanastro que había violado a su hermana (2 Samuel 13-18). David pudo haber sido un gran líder de Israel, pero fue un fracaso como líder en su propia casa.

Salomón, que construyó el templo de Dios, no tenía excusa para sus fallos. Iluminado por Dios más que nadie en la historia, quebrantó las *advertencias escritas* de Moisés coleccionando esposas extranjeras que hicieron exactamente lo que se había predicho: apartaron su corazón de Dios (Deuteronomio 17.16-17). Su sabiduría era legendaria, pero su legado fue un desastre: un reino partido por la mitad tras su muerte (1 Reyes 11.11).

El Nuevo Testamento tiene menos ejemplos, ya que abarca un período de tiempo mucho más corto, pero pensemos en Pedro, que tuvo una relación personal con Cristo que supera todo lo que hoy podamos entender por esa frase. Salió de la barca en obediencia a Jesús (Mateo 14.29), confesó a Cristo como Mesías (Marcos 8.29), vio cómo sanaban su suegra y muchos otros (Lucas 4.39) y atacó a los hombres que venían a arrestar a Jesús (Juan 18.10). Pero también negó a Cristo (Mateo 26.74) y Pablo —alguien que no conoció al Mesías en persona— lo reprendió públicamente por su flagrante hipocresía cuando ya llevaba años como líder de la iglesia (Gálatas 2.11).

Aunque no existe un patrón consistente en cuanto a quiénes son los hombres elegidos por Dios, vemos un factor común: todos ellos dieron un paso adelante en la fe. No tenían garantías de éxito y sí muchas oportunidades de fracasar públicamente y de que sus debilidades fueran evidentes para todos. Muy a menudo eran *fieles fracasados*, débiles e inconsistentes, pero aun así útiles en las manos de Dios. Aunque tenían miedo, eran indignos o no estaban capacitados, dieron un paso de fe. Se comprometieron con Dios, porque él los invitó a su reino, no porque fueran dignos de él.

Cuando Dios nos llama a seguirle y a guiar a otros, lo hace comprendiendo claramente lo que somos como hombres. Él quiere usarnos al tiempo que nos cambia. Nadie lo tiene todo, solo Cristo.

Pregúntate...

▶ ¿Me he resistido alguna vez a dar un paso de fe porque me sentía indigno o mal preparado?

▶ ¿Alguna vez el miedo al fracaso público me ha hecho evitar algo que sentía que Dios me pedía que hiciera?

▶ ¿Dónde he dado un paso en la fe y, a pesar de mis defectos, he visto que Dios honraba mis esfuerzos?

▶ ¿Hay algo que él me está pidiendo en este momento y que yo podría estar evitando con excusas?

Sugerencias para la oración

MAÑANA: Pídele al Padre valor y fuerza para afrontar el miedo al fracaso público y al juicio.

Puedes decir algo así:

> *Padre, confieso que a menudo he dudado*
> *en hacer lo que tú me has pedido*
> *por miedo al fracaso público o a la*
> *humillación. Perdóname y dame el valor*
> *y la fuerza para cumplir de todo corazón*
> *las tareas que me has encomendado, sin*
> *importarme lo que piensen los demás.*
> *Vivo para ti, Señor, no para la opinión de*
> *los demás.*

TARDE: Pídele a Dios que te ayude en los momentos en que te sientas indigno o desmerecedor de algo.

Puedes decir algo así:

> *Todopoderoso Salvador, por favor, trae*
> *consuelo y paz a mi mente cuando me*
> *siento inútil o indigno de tu amor.*
> *Gracias por amarme a pesar de mis*
> *imperfecciones y, por favor, ayúdame a*
> *recordar en los momentos más oscuros*
> *de duda que mi valor viene de ti, para*
> *que pueda dar un paso adelante en la fe*

y caminar de acuerdo a tu plan para mi
vida.

NOCHE: Pídele al Señor que te abra los ojos para ver las oportunidades que te brinda para dar pasos de fe.

Puedes decir algo así:

> *Padre, a menudo me encuentro atrapado dentro de los confines de mi propia zona de confort, demasiado perezoso, ciego o con miedo de salir de ella. En tu amorosa misericordia, abre mis ojos para ver las oportunidades que has puesto ante mí. Ayúdame a ver y dar los pasos de fe que tú provees, confiando plenamente en ti para guiarme y transformarme en un hombre que busca siempre crecer en ti y serte fiel.*

Endurecimiento del corazón

*No nos cansemos de hacer el bien, pues a su tiempo,
si no nos cansamos, segaremos. Así que entonces,
hagamos bien a todos según tengamos oportunidad,
y especialmente a los de la familia de la fe.*
GÁLATAS 6.9-10 NBLA

En la película *En busca del arca perdida*, cuando
Marion le dice a Indiana Jones: «No eres el hombre
que conocí hace diez años», él responde a su manera
encantadora pero condescendiente: «No son los años,
querida. Es el kilometraje».

Es una descripción bastante exacta de cómo
se endurece el corazón. No es necesariamente una
característica de la edad. El kilometraje de este mundo
puede ser duro tanto para los jóvenes como para
los mayores: relaciones fracasadas, carreras insatis-
factorias, oportunidades perdidas, tal vez incluso
errores catastróficos. Las decepciones pueden llevar al
negativismo y a un sentimiento de inutilidad, incluso
de desesperanza.

Salomón, el rey más sabio de la historia, resumió
sus experiencias mundanas en un libro que podría
llamarse el Libro de las Decepciones:

> Me dediqué a buscar el entendimiento y a investigar con sabiduría todo lo que se hacía debajo del cielo. Pronto descubrí que Dios le había dado una existencia trágica al género humano. Observé todo lo que ocurría bajo el sol, y a decir verdad, nada tiene sentido, es como perseguir el viento. Eclesiastés 1.13-14 NTV

Salomón probó todas las cosas que este mundo le ofrecía para encontrarle sentido —logros, gloria, amor, sabiduría— y llegó a una conclusión que repitió una y otra vez: ¡todo es en vano! Una enorme pérdida de tiempo; una decepción monumental. Sin Dios, todo queda en nada.

Incluso los que conocemos a Cristo y vivimos para él podemos cansarnos y desanimarnos. Los propios discípulos de Jesús experimentaron endurecimiento del corazón cuando él fue crucificado. Esperaban que el Hijo de David instaurara un reino terrenal. Cuando Jesús murió, permanecieron en su incredulidad aun cuando habían recibido reportes fidedignos de su resurrección:

> Después Jesús se apareció a los once discípulos cuando estaban sentados a la mesa, y *los reprendió por su incredulidad y dureza de corazón*, porque no habían creído a los que lo habían visto resucitado. Marcos 16.14 NBLA

Su decepción se había convertido rápidamente en negatividad desconfiada, incluso ante las promesas de Jesús y el testimonio de los testigos. Cuando nos agotamos en nuestra fe nos volvemos menos receptivos a la verdad y más impacientes con los que viven por fe, menos dispuestos a servir y más vulnerables al pecado. Y el pecado aprovechará todas las oportunidades que le demos. Por eso necesitamos una rendición de cuentas en amor:

> Adviértanse unos a otros todos los días
> mientras dure ese «hoy», para que ninguno
> sea *engañado por el pecado y se endurezca*
> contra Dios. Hebreos 3.13 NTV

Hace falta valor para seguir creyendo cuando la cosecha que esperamos parece lejana, pero por eso se nos llama a formar parte de una «familia de la fe» y no a vivir la vida cristiana en solitario. El mundo está «unido» en su oposición a nosotros, para desgastarnos y hacernos desistir de la buena batalla. Nosotros, como cuerpo de Cristo, necesitamos mirar a la Cabeza para hallar aliento:

> Consideren, pues, a Aquel que soportó
> tal hostilidad de los pecadores contra Él
> mismo, para que *no se cansen ni se desanimen*
> en su corazón. Hebreos 12.3 NBLA

Para estar receptivos a Dios en cada momento, sin un «plan B», hace falta valor. Vivir en una comunidad responsable en la que nos servimos unos a otros exige compromiso. Para evitar endurecernos en nuestro pensamiento y enfriarnos en nuestro corazón hace falta humildad. Pero tenemos un gran Salvador y su promesa de que, con el tiempo, la cosecha será nuestra.

Pregúntate...

▶ ¿Dónde siento la tentación de volverme negativo o endurecerme?

▶ ¿He dejado que algún área de mi vida espiritual se estanque o se seque?

▶ ¿Ayudo a mis hermanos animándolos con regularidad a seguir haciendo el bien y a no desanimarse?

▶ ¿Con quién puedo relacionarme para seguir avanzando en la fe?

Sugerencias para la oración

MAÑANA: Ora por fuerza y valor ante la negatividad desconfiada y la duda.

Puedes decir algo así:

> *Padre, dame el valor y la fuerza*
> *que necesito para enfrentarme a la*
> *mentalidad negativa y estancada del*
> *mundo. Te pido que, cuando me sienta*
> *tentado por la fatiga del mundo, me*
> *concedas paz de espíritu, para que, en mi*
> *egoísmo, no endurezca mi corazón a tus*
> *planes de amor para mi vida.*

TARDE: Confiesa las áreas de tu vida en las que has permitido que tu corazón se endurezca y pídele que cambie tu corazón por un corazón de servicio.

Puedes decir algo así:

> *Dios, confieso que he permitido que mi*
> *corazón se endurezca en muchas áreas de*
> *mi vida. Perdóname, Padre, y ablanda*
> *mi corazón para que sea más receptivo*
> *a la esperanza que tú traes. Obra en*
> *mí y cualquier negatividad que tenga*
> *debido a las cosas que he experimentado*
> *cámbiala en fuentes de sabiduría y ánimo*

que pueda usar para ayudar a los que me rodean a no perder la esperanza.

NOCHE: Pídele a Dios que te sane de traumas, culpas, ira, dolor o cualquier otra cosa que endurezca tu corazón.

Puedes decir algo así:

Padre, he cometido muchos errores y he pasado por experiencias dolorosas que me han hecho abandonar. Padre, solo tú puedes traer sanidad, así que te pido que me limpies con la paz de tu Hijo Jesús. Por favor, abre mi corazón y permíteme ser vulnerable y tener amor, aunque esté enojado o herido, para que pueda honrarte.

Gratitud

*Al llegar a cierta aldea, le salieron al encuentro diez
leprosos que, desde lejos, comenzaron a gritar:
— ¡Jesús, Maestro, ten compasión de nosotros!
Jesús, al verlos, les dijo:
— Vayan a presentarse a los sacerdotes.
Y sucedió que, mientras iban a presentarse, quedaron
limpios de su lepra. Uno de ellos, al verse curado,
regresó alabando a Dios a grandes voces. Y, postrado
rostro en tierra a los pies de Jesús, le daba las gracias.
Se trataba de un samaritano. Jesús preguntó entonces:
— ¿No fueron diez los que quedaron limpios?
Pues ¿dónde están los otros nueve? ¿Sólo este
extranjero ha vuelto para alabar a Dios?*
LUCAS 17.12–18 BLPH

El más escaso de los rasgos humanos es la gratitud.
En el pasaje de hoy podemos verlo con valores numéri-
cos reales. Uno de los diez leprosos sanados de la
enfermedad que los aislaba de la sociedad pensó en
detenerse y dar gracias a Jesús. Y ni siquiera era un
israelita que tuviera su esperanza puesta en un Mesías
prometido. Tal vez los demás se sentían agradecidos,
pero no lo expresaron.

Honrar y agradecer a Dios es algo tan fundamental en nuestro diseño que, cuando los hombres dejaron de hacerlo, Pablo nos dice que se sumieron en una espiral de vanidad y oscuridad.

> Pues han conocido a Dios y, sin embargo, no le han tributado el honor que merecía, ni le han dado las gracias debidas. Al contrario, se han dejado entontecer con vanos pensamientos y su necio corazón se ha llenado de oscuridad. Romanos 1.21 BLPH

La gratitud es tan esencial para nuestra relación con el Dios vivo que parte de la Ley de Moisés consistía en ofrendas de acción de gracias. Más tarde, tras devolver el arca del pacto al tabernáculo, el rey David tomó medidas adicionales para salvaguardar la importancia de la acción de gracias en el culto:

> David puso al servicio del Arca del Señor a algunos levitas encargados de *invocar, dar gracias y alabar al Señor* Dios de Israel. 1 Crónicas 16.4 BLPH

Asimismo, en el Nuevo Testamento vemos que la «adoración aceptable» procede de un fundamento de gratitud por la nueva vida que Dios nos ha dado:

> Y puesto que somos nosotros los que recibimos ese reino inconmovible, seamos *agradecidos*, tributemos a Dios un culto agradable con reverencia y respeto. Hebreos 12.28 BLPH

Y a medida que crezcamos en Cristo, la acción de gracias se convertirá en una segunda naturaleza:

> Arráiguense profundamente en él y edifiquen toda la vida sobre él. Entonces la fe de ustedes se fortalecerá en la verdad que se les enseñó, y rebosarán de gratitud. Colosenses 2.7 NTV

La acción de gracias constante ha caracterizado siempre a quienes aman y sirven sinceramente al Señor: a pesar de un decreto real que lo prohibía, Daniel «oraba tres veces al día, tal como siempre había hecho, *dando gracias a su Dios*» (Daniel 6.10 NTV); junto con todos los salmistas, Débora, Ana, Moisés, Esdras y otros prorrumpieron en cánticos para expresar alabanza y agradecimiento a Dios por su misericordia; Pablo iniciaba prácticamente todas sus cartas con palabras de agradecimiento a Dios por las personas que las iban a leer. Jesús, que era uno con el Padre, se tomó el tiempo de darle las gracias por proveer el pan para alimentar a miles de personas, y también al celebrar la última cena con sus discípulos. Ninguna de estas personas, incluido Jesús, tuvo una vida fácil, pero todos estaban agradecidos a Dios por lo que había hecho. Podemos animarnos con estos ejemplos y convertir la gratitud en un rasgo común de nuestras vidas:

> Y *den gracias por todo* a Dios el Padre en el nombre de nuestro Señor Jesucristo. Efesios 5.20 NTV

Pregúntate...

▶ ¿Por qué cosas estoy verdaderamente agradecido a Dios? ¿Alguna vez he hecho una lista para ver todas las cosas que Él ha hecho por mí?

▶ ¿Con qué frecuencia expreso en voz alta mi gratitud a Jesús en la oración y el culto?

▶ ¿En qué paso más tiempo, en quejas por mis circunstancias o dando gracias a Dios por su obra en mi vida?

▶ ¿Cómo puedo animar a los demás a vivir agradecidos ante su Salvador?

Sugerencias para la oración

MAÑANA: Confiésale que a menudo puedes ser egoísta en tu gratitud hacia él, y pídele que cambie tu corazón para que sea siempre agradecido y lo honre.

Puedes decir algo así:

> *Señor, confieso y te pido perdón por la forma egoísta en que a menudo descuido darte las gracias que mereces por todo. Confieso que mis nuevos miedos y ansiedades o la gratificación instantánea del mundo me distraen de tal manera que no logro hacer de ti el centro de mi alabanza. Padre, cambia mi corazón para que se caracterice por una constante acción de gracias y alabanza a ti.*

TARDE: Pídele a Dios que te revele las áreas de tu vida en las que pasas más tiempo quejándote que agradeciéndole.

Puedes decir algo así:

> *Padre, a menudo no comprendo ni veo mis acciones como lo que realmente son: en cambio, acuso y culpo a los demás, sin ver mi propio comportamiento egoísta e ingrato. ¡Perdóname, Señor! Abre mis*

ojos en todas las áreas y revélame nuevas
oportunidades para crecer en Cristo.

NOCHE: Agradece al Padre por obrar en tu vida y transformar tu corazón para que esté lleno de gratitud.

Puedes decir algo así:

Padre todopoderoso, ¡gracias por todo lo que haces en mi vida! Gracias por los constantes recordatorios de las promesas que has hecho y cumplido. Gracias por crear en mí un corazón de gratitud, y gracias por tu amor y misericordia cuando no te expreso tanta gratitud como debería.

Buenas obras

Pero alguien dirá: «Tú tienes fe y yo tengo obras. Muéstrame tu fe sin las obras, y yo te mostraré mi fe por mis obras».
SANTIAGO 2.18 NBLA

La Ley de Moisés fue el regalo de Dios a su pueblo para enseñarle y, finalmente, conducirlo a la fe en su Mesías (Gálatas 3.23-25). Estaba diseñada para hacer que las personas se arrodillaran y pidieran ayuda, no para darles la oportunidad de darse palmadas en la espalda por sus «buenas obras». Algunos lo captaron, muchos no. En la época de la Reforma, la idea de que el hombre participaba en su salvación añadiendo buenas obras a su fe formaba parte de la doctrina de la iglesia. Si se escribiera como una ecuación, la idea que los reformadores lucharon por corregir se vería así: Fe + Buenas Obras = Salvación

Esta creencia aún perdura hoy en día porque contiene cierto atractivo. ¿Por qué no habríamos de hacer algo para ganarnos un lugar con Dios? ¿Por qué no íbamos a ganar algunos puntos por nuestras buenas acciones? ¿Por qué Dios no iba a darles paso al cielo a los que hacen el bien? Para la mentalidad del mundo eso es del todo razonable. Pero, simplemente, no es bíblico. Pablo enfatizó que la gracia de Dios es la fuente de nuestra salvación, completamente aparte de cualquier cosa que podamos hacer para causarla:

> Dios los salvó por su gracia cuando creyeron. Ustedes no tienen ningún mérito en eso; es un regalo de Dios. *La salvación no es un premio por las cosas buenas que hayamos hecho*, así que ninguno de nosotros puede jactarse de ser salvo. Efesios 2.8-9 NTV

No podemos obtener la salvación por nuestros propios esfuerzos. Punto. Es un don, y viene de Dios a través de nuestra fe, no de nuestras buenas obras. Cuando se trata de obtener la salvación, la fe y las obras están siempre en oposición. Jesús se lo indicó acertadamente a algunas personas sinceras que querían saber cómo abrirse camino hacia la vida eterna:

> —Nosotros también queremos realizar las obras de Dios—contestaron ellos—. ¿Qué debemos hacer?
> Jesús les dijo:
> —La única obra que Dios quiere que hagan es que crean en quien él ha enviado.
> Juan 6.28-29 NTV

Si quieres hacer obras para agradar a Dios, que tu obra sea creer en el mensaje de Jesús. Gasta toda tu energía en la fe porque «sin fe es imposible agradar a Dios» (Hebreos 11.6 NBLA).

Aunque la fe y las obras se oponen entre sí como medio de salvación, tienen una *relación de cooperación* cuando se trata de vivir bajo la gracia. Juan Calvino escribió en su *Antídoto al Concilio de Trento*: «Es, pues, la fe sola la que justifica, y sin embargo la fe que justifica no está sola...». Calvino se hacía eco del mismo pensamiento que Santiago: tu fe debe manifestarse en obras o no se considerará fe en absoluto. Las buenas obras son consecuencia de una fe salvadífica por designio de Dios:

> Pues somos la obra maestra de Dios. Él nos creó de nuevo en Cristo Jesús, *a fin de que hagamos las cosas buenas* que preparó para nosotros tiempo atrás. Efesios 2.10 NTV

Las buenas obras también forman parte de nuestra herencia de parte del Señor. Antes de resucitar con Cristo, nuestras obras estaban tan muertas como nosotros; ahora están tan vivas como nosotros. Ahora nuestras buenas obras dirigen la mirada de todos a la Fuente de nuestra nueva vida:

> Así brille la luz de ustedes delante de los hombres, para que *vean sus buenas acciones y glorifiquen a su Padre* que está en los cielos. Mateo 5.16 NBLA

Para volver a una representación matemática, el plan de Dios podría parecerse más a esto:

Gracia × Fe = Salvación + Buenas Obras

Hay un lugar para las buenas obras, pero no como medio para llevarnos a Dios, sino para llevar a Dios al mundo.

Pregúntate...

▶ ¿Tengo la firme comprensión de que la salvación es un don y que no puedo ganármela en modo alguno con mis buenas obras?

▶ ¿Mi fe se expresa en buenas obras? ¿Podría alguien reconocer a Dios por las cosas buenas que hago? ¿Cómo me aseguro de que él reciba la gloria por mis obras?

▶ ¿Creo que las buenas obras son algo que Dios ha preparado para que yo las haga o algo que sale de mí?

Sugerencias para la oración

MAÑANA: Pídele al Padre que te dé un corazón de servicio que esté contento con su llamado para ti.

Puedes decir algo así:

> *Padre, te pido que prepares mi corazón para aceptar humildemente las buenas obras que has preparado para mí, sabiendo que solo por tu gracia soy capaz de hacerlas. Dame un corazón de servicio, para que, sean cuales sean esas obras, tenga todo el entusiasmo y disposición para realizarlas.*

TARDE: Ora pidiendo su ayuda contra la vanidad y el ego al hacer buenas obras.

Puedes decir algo así:

> *Señor, en tu sabiduría, guárdame de caer en la arrogancia y la vanidad cuando hago buenas obras para ti. Ayúdame a entender que las obras que has puesto ante mí no son obra mía, sino que fluyen de tu bondad. Te pido que me guíes lejos de los fosos de la recompensa egoísta, que me concedas un corazón humilde y dispuesto a servir solo por tu gloria.*

NOCHE: Pídele al Señor que te ayude a crecer en tu fidelidad, para que tus buenas obras le den gloria.

Puedes decir algo así:

> *Padre, gracias por todas las oportunidades que me has dado para crecer en fidelidad, y te pido que sigas revelándome cómo puedo darte gloria. Abre mis ojos y mi corazón a las obras que tú quieres que haga, para que no pierda ni una sola oportunidad de honrarte y promover tu reino.*

La perspectiva de un padre

Todas estas son las doce tribus de Israel, y esto es lo
que les dijo su padre cuando los bendijo. A cada uno
lo bendijo con la bendición que le correspondía.
GÉNESIS 49.28 NBLA

En Génesis 49, Jacob (renombrado como Israel tras luchar con el ángel de Dios) estaba a punto de morir. Llamó a sus hijos para pronunciar una última bendición. Por las cosas que les dijo, no se hacía ilusiones con la clase de hombres que eran y con lo que cada uno necesitaba para que el «pueblo de Israel» continuara y creciera. A Judá, por ejemplo, se le dijo que ocuparía el primer lugar entre sus hermanos, aunque no era el mayor; que tendría preeminencia, y que el Salvador vendría de su linaje:

> El cetro no se apartará de Judá,
> ni la vara de mando de sus descendientes,
> hasta que venga aquel a quien le pertenece,
> aquel a quien todas las naciones honrarán.
> Génesis 49.10 NTV

Tener al Mesías en su descendencia era realmente una bendición. Pero no todas las palabras de Israel fueron lo que podríamos llamar «bendiciones». Para

que Judá llegara a ser el primero, Rubén, el primo-
génito, tuvo que ser degradado:

> Rubén, tú eres mi hijo mayor, mi fuerza,
> el hijo de mi juventud vigorosa. Tú eres el
> primero en rango y el primero en potencia.
> Pero eres tan impetuoso como una inunda-
> ción, y ya no serás más el primero.
> Génesis 49.3-4 NTV

Seguro que no eran las palabras finales que Rubén
quería de su padre. Los demás también recibieron
varios tipos de bendiciones. Algunas duras y otras
maravillosas, pero todas muy personalizadas: uno
sería rico, otro se convertiría en siervo, otro sería
atacado pero vencería, otro se convertiría en juez de
los israelitas, dos se dispersarían entre ellos. A juicio
de su padre, cada hijo escuchó lo que necesitaba.

Dios, nuestro Buen Padre, nos conoce a cada
uno de nosotros y sabe lo que es conveniente y
apropiado para nosotros. Nos ha creado a cada uno
como individuos. Aunque nuestro camino de fe se
basa en las verdades objetivas de la Palabra escrita,
también es un viaje subjetivo en los detalles de cómo
debemos servirle. Hay cosas específicas de cada uno
de nosotros, que solo nuestro Padre sabe cómo usar
para ayudarnos a parecernos más a su Hijo. Y, como
a los hijos de Israel, puede que no siempre nos guste
lo que oímos. Así que tenemos que preguntarnos
esto: ¿las únicas bendiciones que estamos dispuestos
a recibir de nuestro Padre celestial son las positivas?
¿La bendición de los problemas o las dificultades son

también del Señor? La definición que Dios da de una bendición puede ser muy distinta de la nuestra. Su intención es darnos concretamente lo que necesitamos para crecer a imagen de su Hijo.

> ¿Acaso olvidaron las *palabras de aliento* con que Dios les habló a ustedes como a hijos? Él dijo: «Hijo mío, no tomes a la ligera la disciplina del Señor y no te des por vencido cuando te corrige. Pues el Señor *disciplina* a los que ama y *castiga* a todo el que recibe como hijo». Hebreos 12.5-6 NTV

Como Padre, Dios siempre quiere nuestro bien, nos guste o no. La buena noticia de las bendiciones difíciles es que nuestro Padre piensa en lo más íntimo en cada uno de nosotros y nos ama por completo:

> Tú creaste mis entrañas, en el seno de mi madre me tejiste. Salmos 139.13 BLPH

Nuestro Padre celestial es digno de confianza y sabio: todas las «bendiciones» que da, también las adapta a cada uno, pues sabe cómo conformarnos mejor a la imagen de su Hijo (Romanos 8.29).

Pregúntate...

▶ ¿Hay algún área de mi vida que no veo como una bendición pero que podría venir de la mano de Dios?

▶ ¿He buscado el favor de Dios pero no he estado dispuesto a aceptar la corrección? ¿Me he aferrado a algún pecado o amargura o idea egoísta sin dejar de pedir que Dios me bendiga?

▶ ¿Creo realmente que Dios está preparando de una manera personal e íntima mis experiencias para que me parezca más a Jesús?

Sugerencias para la oración

MAÑANA: Pídele a Dios comprensión y valor para confiar en su plan para tu vida.

Puedes decir algo así:

> *Padre, te pido tu guía y sabiduría en aquellas áreas difíciles de mi vida en las que me cuesta ver tus bendiciones. Concédeme valor a pesar de lo abrumador o duro que parezca el camino. Te pido entendimiento cuando enfrente esas áreas desafiantes, para que pueda ver tus bendiciones y lecciones amorosas en mí.*

TARDE: Confiesa cualquier pecado o amargura que estés guardando, que te impida estar abierto a la corrección de Dios.

Puedes decir algo así:

> *Padre celestial, te pido perdón por el orgullo al que me he estado aferrando. Padre, tú conoces mi corazón, y no puedo ocultarte los reductos de egoísmo que he permitido en él. Ayúdame a aceptar tu amorosa corrección, y moldéame para ser alguien que aprecia tus amorosas bendiciones con entendimiento y un corazón humilde.*

NOCHE: Ora por un corazón abierto en los momentos más difíciles y confiésaselo cuando dejes endurecer tu corazón.

Puedes decir algo así:

> *Padre, confieso que a veces, en mi ira y frustración por las dificultades de la vida, dejo que mi corazón se endurezca, y sigo el estilo mundano de la irritación y la acusación. ¡Perdona mi gran impaciencia! Por favor, ayúdame a mantener mi corazón abierto durante cualquier prueba que deba soportar, a confiar en tu guía por los caminos que con amor has trazado para mí.*

Gracia

Pero ahora [...] ese mensaje se da a conocer a todos los gentiles en todas partes, para que ellos también puedan creer y obedecerlo a él. Toda la gloria sea para el único sabio Dios eternamente por medio de Jesucristo. Amén.
ROMANOS 16.26-27 NTV

Con demasiada frecuencia, no se utiliza la gracia como razón para vivir una vida santa, sino como excusa para no tenerla. Predicar o animar a la santidad a través de disciplinas espirituales se encuentra con objeciones de que esas cosas son de alguna manera «legalistas» y que cualquier esfuerzo de nuestra parte niega el «don» de la gracia. ¡Nada podría ser más contrario a una comprensión bíblica del evangelio! La obediencia a los mandamientos de Dios no nos hace ganar el favor de Dios, es el resultado del favor de Dios. La obediencia es una bendición que nos permite caminar con Dios. Ese fue su sabio y amoroso plan para todos nosotros desde el principio.

La gracia hace posible la obediencia. Sin la gracia, seguimos siendo esclavos de la carne. De hecho, es la gracia la que ejerce como *maestra* en las cosas que Dios espera de nosotros:

Porque la gracia de Dios se ha manifestado,
trayendo salvación a todos los hombres,
enseñándonos, que negando la impiedad
y los deseos mundanos, vivamos en este
mundo sobria, justa y piadosamente.
Tito 2.11-12 NBLA

Negar la impiedad significa simplemente decir no
a las cosas de la carne. Esas cosas siempre están mal,
no importa la circunstancia, la cultura o la disposición.
El apóstol Pablo le dio a la iglesia de los gálatas una
lista de las más obvias:

Sabido es cómo se comportan los que viven
sometidos a sus apetitos desordenados: son
adúlteros, lujuriosos, libertinos, idólatras,
supersticiosos [...] y otras cosas por el estilo.
Gálatas 5.19-21 BLPH

Pablo añadió «y otras cosas por el estilo» porque
esta lista no es exhaustiva. Estaba resaltando solo
las cosas obvias; luego ellos tenían que identificar
cualquier otra cosa contraria a la vida piadosa.

Los «deseos mundanos» no se enumeran tan
concisamente en las Escrituras, pero el creyente
maduro puede identificarlos fácilmente:

Lo mismo sucede con nosotros: durante
nuestra minoría de edad nos han esclavizado
las *realidades mundanas*. Gálatas 4.3 BLPH

Estas realidades mundanas (a veces traducidas
como «espíritus elementales») son aquellas cosas
que atraen a los hombres a crearse una identidad

aparte de Dios: éxito, riqueza, fama, influencia, poder político, proezas sexuales, posesiones, admiración, etc. Todos ellos son logros de gran valor para el mundo. Pero aquí es donde la cosa se complica un poco. Un creyente puede disfrutar de todas estas cosas, pero solo dentro del contexto del llamado de Dios. Si obtienes riquezas como parte de su gracia (como Abraham), hay textos bíblicos que te enseñan a gestionarlas. Si eres famoso, influyente, poderoso o admirado (como José, Daniel o el rey David), la gracia te enseñará a usar esas cosas como dones. ¿Está casado? Entonces deberías ser un experto en sexo... ¡con la esposa que la gracia de Dios te ha dado! (Lee el Cantar de los Cantares si necesitas ayuda...).

La idea principal es que, por la gracia de Dios, debemos juzgar constantemente si las cosas del mundo se han apoderado demasiado de nosotros. Necesitamos confiar en la gracia para que nos enseñe a centrarnos en el Reino de Dios por encima de cualquier cosa que nos ofrezca el mundo. No podemos permitirnos que nos aparten de nuestro llamado:

> Hay quien es como la semilla que cayó entre cardos: oye el mensaje, pero los problemas de la vida y el apego a las riquezas lo ahogan y no le dejan dar fruto. Mateo 13.22 BLPH

Esforzarnos con todo lo que hay en nosotros para obedecer la Ley de Cristo no es legalismo, es parte de nuestra nueva naturaleza. Fuimos llamados a «creer y obedecer», y ese es un privilegio que solo la gracia puede permitir.

Pregúntate...

▶ ¿Qué es lo más difícil de obedecer en la Palabra de Dios? ¿He permitido que la gracia me enseñe qué hacer en esa área?

▶ ¿Cómo me motiva la bondad de mi Padre a seguirle? ¿Cómo se ve eso en mi vida cotidiana?

▶ ¿Me aprovecho de la gracia como medio para no cambiar?

▶ ¿He caído en algún hábito que pueda considerarse legalista? ¿Estoy tratando de ganarme algo de Dios en lugar de vivir para agradarle como mi Padre?

Sugerencias para la oración

MAÑANA: Pídele a Dios su gracia para que te enseñe a guardar tu corazón en todas las áreas de la vida.

Puedes decir algo así:

> *Padre, dame sabiduría y entendimiento para ser espiritualmente responsable en todas las áreas de mi vida. Enséñame a guardar mi corazón contra las ideas corruptas de éxito e identidad que el mundo trata de inculcarme. En obediencia a ti, Señor, encuentro mi verdadero yo.*

TARDE: Pídele al Señor que permita que su obra en ti sea una luz para los demás.

Puedes decir algo así:

> *Te pido un corazón obediente y paciente, Señor, y que me transformes en un hombre santo, que te honre y te agrade a ti. Que el quebranto de mi vida y la sanidad de tu gracia lleguen a ser un ejemplo de tu fidelidad para los demás. Amén.*

NOCHE: Pídele al Señor fuerza para ser obediente en las áreas que te resultan difíciles.

Puedes decir algo así:

> *Padre, admito que hay áreas en mi vida a las que me he estado aferrando con orgullo, y he estado resistiéndome a tu voz. Me he aprovechado de la gracia y la he usado como excusa para seguir con estos hábitos mundanos. ¡Padre, perdóname! Me someto absolutamente a tu voluntad. Pon en mí un corazón dispuesto, para que pueda obedecer de verdad tus mandamientos.*

El viaje de la fe

Escúchenme, los que anhelan la salvación, los que andan buscando al Señor. Miren la piedra de donde los tallaron, la cantera de donde los sacaron. Miren a Abrahán, su padre, a Sara, que los trajo al mundo; era uno solo cuando lo llamé, pero lo bendije y multipliqué.

ISAÍAS 51.1–2 BLPH

Durante una de las épocas más oscuras de Israel —el exilio babilónico—, Dios reconforta a su pueblo recordándole que es una comunidad fundada en la fe. La fe de Abraham y Sara dio a luz literalmente a una nación, y sus descendientes deben sentirse alentados al recordar su historia. Hoy, los que seguimos a Jesús formamos parte de esa familia de fe que inició Abraham:

> Y si son de Cristo, también son descendientes de Abrahán y herederos según la promesa. Gálatas 3.29 BLPH

El camino de fe de Abraham comenzó cuando aún se llamaba «Abram» y vivía con su familia y su pueblo en Harán. Dios le ordenó partir y dejar atrás todo lo que conocía con la única promesa de un nuevo hogar:

> El Señor dijo a Abrán:
> — Deja tu tierra natal y la casa de tu padre,
> y dirígete a la tierra que yo te mostraré.
> Génesis 12.1 BLPH

El viaje de Abraham comenzó con una elección: quedarse con lo familiar, lo ordinario, la rutina, o confiar en la promesa de Dios de una nueva vida y una nueva forma de vida. Nosotros comenzamos de la misma manera. Con el tiempo, vemos cómo se desarrolla la promesa de nuestra nueva vida en Cristo. Dios no le explicó a Abraham todos los detalles del viaje antes de que comenzara, y tampoco a nosotros. Conocer las dificultades, los conflictos, las batallas, las muertes y el sufrimiento que se avecinaban tal vez hubiera sido demasiado para Abraham, y habría declinado el viaje antes de comenzar. O tal vez Dios no trazó todo el viaje de antemano, porque vivir por fe significa confiar en aquel que nos llama a recorrer el camino con él: no necesitamos saber qué nos deparará el mañana, porque conocemos a quien nos lo trae.

En realidad, Dios le ofreció algo mucho más motivador que los detalles. Le ofreció esperanza para el futuro. Dios le prometió a Abraham que llegaría a ser una gran nación, que sería bendecido y honrado, y que todas las familias de la tierra serían bendecidas a través de él (Génesis 12.2-3). La magnitud de esas promesas debió de resultar abrumadora para Abraham. Pero, por enormes e inspiradoras que fueran, se quedan en nada en comparación con las bendiciones que recibimos en Cristo:

> Ningún ojo ha visto, ningún oído ha escuchado, ninguna mente ha imaginado lo que Dios tiene preparado para quienes lo aman. 1 Corintios 2.9 NTV

Lo que espera a los redimidos de Cristo no puede expresarse bien con palabras, porque no puede ser captado plenamente por ninguna imaginación humana.

Por último, a lo largo del viaje de Abraham, Dios sí se muestra más específico, y le muestra toda la tierra de Canaán con la promesa: «Yo te doy toda esta tierra, tan lejos como alcances a ver, a ti y a tu descendencia como posesión permanente» (Génesis 13.15 NTV). Abraham había caminado fielmente con Dios, y Dios pudo compartir más acerca de su plan. Del mismo modo, conforme caminamos con el Señor, él nos revelará más a medida que le obedecemos y aprendemos a escuchar al Espíritu Santo. Puede hablarnos mediante una fuerte guía interior o por medios más directos, como hizo en Hechos 9 con un hombre llamado Ananías. (Tuvo la visión de ir a casa de un hombre llamado Judas, en la calle Recta, para orar por Saulo de Tarso, para devolverle la vista. Eso sí que es específico). Sea como sea como Dios decida darse a conocer a ti, lo sabrás si caminas con fe.

Abraham tuvo muchas más experiencias de fe que pueden instruirnos: permitir que su sobrino Lot eligiera las mejores tierras para él porque valoraba a la familia por encima de la propiedad (Génesis

13.8); honrar al buen rey y sacerdote Melquisedec, con el diezmo de su botín (Génesis 14.20); declinar la recompensa del impío rey de Sodoma para que su nombre y su reputación no estuvieran relacionados con ellos (Génesis 14.21-24); recibir el pacto con Dios por la fe, ofreciendo a Isaac como sacrificio, y encontrar una esposa para Isaac.

Al igual que Abraham, nuestro camino de fe recorrerá muchas vueltas y recodos. Pero empieza por saber quién nos llama, confiar en aquel que nos promete un futuro y honrarlo mientras caminamos juntos, recordando que Jesús es la Roca de la que todos fuimos formados.

Pregúntate...

▶ ¿En qué se ve que estoy viviendo una vida de fe? ¿He crecido en mi fe este año?

▶ ¿Hay algún área que me haya resistido a entregar completamente a Dios? ¿Algún área en la que haya intentado hacer las cosas a mi manera?

▶ ¿Cuándo fue la última vez que realmente sentí que el Espíritu Santo me hablaba? ¿Cómo me guio y cómo respondí?

▶ ¿Hay alguien en mi vida a quien pueda animar a vivir por la fe y que me anime a mí?

Sugerencias para la oración

MAÑANA: Pídele al Señor que te guíe y te impulse en tu camino de fe.

Puedes decir algo así:

> *Padre, guíame hacia oportunidades*
> *en las que pueda crecer más en mi fe.*
> *Líbrame de la tentación de pensar que no*
> *necesito estar siempre creciendo. Guíame,*
> *Padre, lejos del camino del estancamiento*
> *y la complacencia, para que pueda*
> *convertirme en un siervo más fiel de tu*
> *reino.*

TARDE: Pídele al Señor que te guíe en el desarrollo de relaciones alentadoras y fructíferas con quienes te rodean.

Puedes decir algo así:

> *Señor, ayúdame a ver las formas en que*
> *puedo ser un estímulo para los creyentes*
> *de mi alrededor, y también a abrir mi*
> *corazón a su ánimo, para que, juntos*
> *como pueblo tuyo, crezcamos en nuestra fe*
> *y confianza en tu plan para nosotros.*

NOCHE: Deja las cosas que has sido reacio a entregárselas a Dios, y pídele su consuelo y guía.

Puedes decir algo así:

> *Señor, ¡me someto a ti! Lo pongo todo ante ti y te pido que me limpies de mi vanidad y mis deseos egoístas. He aprendido —y sigo aprendiendo— que no puedo hacer las cosas a mi manera. ¡Te necesito! Tomo la decisión de entregarte todo a ti, y confiaré fielmente en tu plan para mi vida.*

DÍA 23

Codicia

No codiciarás la mujer de tu prójimo, y no desearás la casa de tu prójimo, ni su campo, ni su siervo, ni su sierva, ni su buey, ni su asno, ni nada que sea de tu prójimo.
DEUTERONOMIO 5.21 NBLA

Los Diez Mandamientos fueron entregados al pueblo de Israel después de salir de Egipto como fundamento de su nueva relación con el Todopoderoso. Eran especiales, escritos en tablas de piedra por Dios mismo y guardados en el arca del pacto (Deuteronomio 10.4). De las diez cosas que tratan, destaca una: la codicia.

¿Qué hace diferente al décimo mandamiento? Es una cualidad totalmente interior y a menudo difícil de cuantificar. Los nueve primeros mandamientos pueden tacharse de una lista, por así decirlo: ¿Ningún otro dios o ídolo? *Comprobado.* ¿Honrar a mamá y papá? *Hecho.* ¿Engañar a mi esposa, asesinar a mi vecino, robar en el trabajo? *No, esta semana no.* ¿Envidias la impresionante carrera de alguien, su atractiva esposa, su casa en el lago, su estatus en la comunidad? *Ya luego te responderé...*

El término hebreo traducido como «codiciar» en Deuteronomio 5.21 (*'avah*) significa «desear, estar inclinado a, esperar con anhelo, suspirar, querer, preferir». Cuando se infringe uno de los otros nueve mandamientos está bastante claro, pero codiciar es en gran medida indetectable, a menos que se manifieste en nuestras palabras y acciones. Puede que al principio ni siquiera nos demos cuenta de que lo estamos haciendo. Pero Dios sabía que codiciar lo que otros tienen destruiría no solo al individuo, sino a la comunidad que él estaba construyendo.

Necesitamos estar en guardia para no ignorar ni justificar la codicia en nuestros corazones. Hay por lo menos tres cosas que brotan del terreno de la codicia y que podemos vigilar:

DESCONTENTO. Cuando anhelamos lo que otros tienen, en el fondo nos estamos quejando de que Dios no ha sido tan bueno con nosotros como lo ha sido con ellos. Estar descontento y celoso es lo contrario de confiar en Él:

> Pues la envidia y el egoísmo no forman
> parte de la sabiduría que proviene de Dios.
> Dichas cosas son terrenales, puramente
> humanas y demoníacas. Santiago 3.15 NTV

CONFLICTO. Albergar envidia en el corazón es algo que no puede contenerse para siempre, y estallará en algún momento:

> No nos hagamos vanagloriosos, *provocándonos*
> *unos a otros*, envidiándonos unos a otros.
> Gálatas 5.26 NBLA

IDOLATRÍA. En última instancia, los hábitos codiciosos se convierten en una forma de idolatría. Las cosas, las personas, las oportunidades, las circunstancias, todo se pone en un pedestal y luego dirige nuestras acciones. Las personas esclavizadas por la codicia sirven a dioses falsos:

> Tengan bien entendido que ningún lujurioso, ningún indecente, ningún avaro —*la avaricia es una especie de idolatría*—, tendrá parte en la herencia del reino de Cristo y de Dios. Efesios 5.5 BLPH

Como entre los israelitas de antaño, en la iglesia de hoy no hay lugar para la codicia. Estamos llamados a vivir y servirnos unos a otros con gracia, en el poder del Espíritu Santo, sin permitir que la envidia y los celos nos destruyan omo individuos o como familia de la fe.

Pregúntate...

▶ ¿Hay algún aspecto de mi vida en el que el descontento me haya hecho vulnerable a la tentación de codiciar lo que otros tienen?

▶ ¿Estoy agradecido a Dios por mi esposa? ¿Estoy confiando en Dios para que me dé una esposa? ¿Estoy agradecido a Dios por ser soltero? Seas casado, comprometido, en una relación o soltero: ¿hay alguna mujer por la que sientas algo que no debas sentir?

▶ ¿Hay alguien cuya carrera o situación económica me moleste, me haga sentir inferior o me dé envidia?

Sugerencias para la oración

MAÑANA: Confiesa tu codicia y pídele a Dios que te ayude en la batalla contra el descontento.

Puedes decir algo así:

> *Padre, confieso que la codicia está tan arraigada en mí que a menudo ni siquiera me doy cuenta de que fomenta el resentimiento y genera conflictos. Por favor, límpiame de descontento y de caminos egoístas. Por favor, ayúdame a levantarme y luchar, creciendo en la paz que viene de confiar en ti.*

TARDE: Pídele al Padre que te ayude a abandonar el descontento en tu trabajo o carrera.

Puedes decir algo así:

> *Señor, perdóname por mis quejas y protestas por mi trabajo. En lugar de alegrarme por lo que tú me has dado, he perdido el tiempo mirando con envidia el éxito de los demás. Mi miedo y mi codicia me han hecho ser desagradecido, ignorando todo lo que tú has hecho por mí. Sana mi corazón y ayúdame a enfocar mis deseos en honrarte y confiar en ti.*

NOCHE: Pide un corazón agradecido y contento en tus relaciones, ya sea que estés casado, en pareja o soltero.

Puedes decir algo así:

Padre te pido que me ayudes a traer calma y fortaleza a mi mente cuando las mentiras de la codicia me ataquen. Guarda mi corazón de pensamientos narcisistas y mundanos, para que pueda manifestar a Cristo en todas mis relaciones. Muéstrame cómo servir a los que están más cerca de mí sin comparar las relaciones que tienen los demás. Te doy gracias por el estatus de mi vida, porque tú me has llamado a él.

DÍA 24

Escuchar a Dios

Yo te instruiré y te enseñaré el camino que debes seguir, te aconsejaré y pondré mis ojos en ti. No sean como caballos o mulos que nada entienden: con el freno y las riendas hay que dominar su brío, pues de otro modo no se acercarán a ti.
SALMOS 32.8-9 BLPH

Desde el primer capítulo de Génesis, cuando Dios creó los cielos y la tierra y luego le dejó claras sus expectativas a la humanidad, Dios se ha estado expresando, directa e indirectamente, a todos los hombres en todas partes. La propia creación fue creada para ser su primer portavoz:

> Los cielos proclaman la gloria de Dios y el firmamento despliega la destreza de sus manos. Día tras día no cesan de hablar; noche tras noche lo dan a conocer. Hablan sin sonidos ni palabras; su voz jamás se oye.
> Salmos 19.1-3 NTV

Tanto si los hombres *eligen escuchar* el mensaje de la creación como si no, Dios ha diseñado el mundo natural para darlo a conocer, día tras día, noche tras noche. Por eso Dios puede exigir responsabilidades a la humanidad para que reconozca que él existe como eterno y divino:

> Pues, desde la creación del mundo, todos han visto los cielos y la tierra. Por medio de todo lo que Dios hizo, ellos pueden ver a simple vista las cualidades invisibles de Dios: su poder eterno y su naturaleza divina. Así que no tienen ninguna excusa para no conocer a Dios. Romanos 1.20 NTV

A pesar de la caída del hombre en el pecado, en su infinita misericordia, Dios permite a todos ver claramente lo invisible y oír la verdad sin necesidad de lenguaje alguno. Pero Dios no se detuvo con el testimonio de la creación. Envió generaciones de profetas para hablar a su pueblo. Algunos fueron testigos de los frutos de sus esfuerzos en la respuesta de la gente —arrepentimiento, obediencia, fe—, otros fueron ignorados, perseguidos o asesinados.

Dios se revela porque quiere una respuesta, y muchos hombres han respondido a lo largo de la historia. Hombres como Abraham, Moisés y David pasaron décadas escuchando y siendo guiados por Dios de diversas maneras, desde el diálogo abierto con el Todopoderoso hasta sueños y visiones, adversidades y el rechazo de los demás.

La cuestión fundamental no es cómo nos habla Dios, sino si estamos dispuestos a escucharlo sea cual sea la vía que elija. Dios quiere que aprendamos a escuchar. Él quiere que interioricemos su manera de pensar y de vivir. Quiere que lleguemos a ser hijos maduros, que caminemos con él por nuestra voluntad, sin esperar constantemente a que jale de nosotros como de un animal.

La advertencia del versículo de hoy es que evitemos estar sin entendimiento: ni retroceder ni quedarnos quietos, sino avanzar «por el camino que debes seguir». Estamos en una relación continua con nuestro Padre, y él quiere comunicarse con nosotros toda la vida. Para ello nos ha dado su Espíritu Santo:

> Pero el Abogado, el Espíritu Santo, a quien el Padre enviará en mi nombre, *hará que ustedes recuerden* cuanto yo les he enseñado y él *se lo explicará* todo. Juan 14.26 BLPH
> Pero cuando Él, el Espíritu de verdad venga, *los guiará a toda la verdad*, porque no hablará por Su propia cuenta, sino que *hablará* todo lo que oiga, y *les hará saber* lo que habrá de venir. Juan 16.13 NBLA

Por lo tanto, ya que tenemos tan grandes promesas de nuestro Padre, practiquemos la escucha; meditemos en su consejo; animémonos con su reprensión; y «actuemos conforme al Espíritu» (Gálatas 5.25 BLPH) cada día que él nos conceda.

Pregúntate...

▶ ¿Tengo la seguridad de que Dios me habla? ¿Creo que él me aconseja personalmente?

▶ ¿He sido reacio a actuar sobre algo que sentía que venía de Dios porque no quería arriesgarme a una decepción? ¿He estado esperando a que él jalara de mí?

▶ ¿Hay algo que sé que es la voluntad de mi Padre pero que no he perseguido de todo corazón?

▶ ¿De qué maneras he respondido al Espíritu y he hecho feliz a mi Padre celestial?

Sugerencias para la oración

MAÑANA: Pídele al Señor que abra tus ojos y oídos a su consejo.

Puedes decir algo así:

> *Señor, conforme avanzo en mi jornada, abre mis ojos y oídos a tu consejo. No dejes que me distraiga o no te responda. Por favor, ayúdame a aprender a escuchar para que no me quede parado en mi ignorancia, sino que me acerque más a ti.*

TARDE: Pídele a Dios que te ayude a aprovechar de todo corazón las oportunidades que él te brinda.

Puedes decir algo así:

> *Padre, en demasiadas áreas de mi vida has tenido que jalar de mí porque yo tenía miedo o una actitud perezosa y reacia. Perdóname, Señor. Te pido humildemente que formes en mí un corazón agradecido que aproveche con gozo y entusiasmo cada ocasión y oportunidad para seguirte en todo.*

NOCHE: Agradece y alaba al Señor por hablar en tu vida, y pide mayor entendimiento.

Puedes decir algo así:

Padre, ¡gracias por hablarme y revelarme el camino a seguir! Tú eres eterno en tu fidelidad, y te doy gracias por el consuelo y el amor que me das. Concédeme más entendimiento, para que pueda seguir mejor el plan que tú tienes para mi vida.

DÍA 25

Dos relaciones que todo hombre necesita

Así pues, tú, hijo mío, mantente fuerte, apoyado en la gracia de Cristo Jesús. Y lo que me oíste proclamar en presencia de tantos testigos, confíalo a personas fieles, capaces a su vez de enseñarlo a otras personas.
2 Timoteo 2.1–2 BLPH

Dios diseñó a los padres para que fueran nuestros primeros mentores en la vida. Así que, por naturaleza, la esperanza de cualquier niño es tener un buen padre: paciente, alentador, cariñoso y lleno de sabiduría. Por desgracia, no es así para todos. Pero no importa cuál haya sido nuestra experiencia individual, en algún momento, todos necesitamos buscar la opinión de hombres mayores y piadosos para seguir creciendo espiritualmente. Un creyente mayor y con más experiencia aporta una perspectiva especial y una voz de responsabilidad, formación y aliento para hablar a nuestras vidas.

Un mentor no tiene por qué ser un pastor, un líder de estudios bíblicos o un amigo íntimo, aunque también pueden serlo. Un mentor es alguien que conoce la Palabra de Dios y ha pasado por algunas batallas espirituales, un hombre que ha modelado la fe como forma de vida por años, un hombre que te conoce bien o que está dispuesto a conocerte bien. Y, sobre todo, un mentor es un hombre al que estás dispuesto a rendir cuentas y al que te sometes para que te eduque en la piedad.

Todos los hombres necesitan esa voz. Y por si te lo estás preguntando, prácticamente en ninguna etapa de la vida es demasiado tarde para un mentor. Moisés recibió ayuda de un anciano cuando tenía más de ochenta años. Justo después de que Moisés sacara al pueblo de Egipto, su suegro, Jetro, sacerdote de Madián, vino a saludarlo. Cuando Jetro vio que Moisés era el único juez de Israel, exclamó: «¡No está bien lo que haces!» (Éxodo 18.17 NTV). Luego esbozó un sistema judicial que delegaba el trabajo en otros y dejaba a Moisés libre para liderar a la creciente nación. Jetro llevaba mucho tiempo liderando, y Moisés era nuevo en el papel, a pesar de su edad. Y Moisés se sometió contento:

> Moisés escuchó el consejo de su suegro
> y siguió sus recomendaciones.
> Éxodo 18.24 NTV

La segunda relación que todos los hombres necesitan alguien *para quien* ser un mentor. Esta es la base del discipulado: cómo una generación transmite el conocimiento y la práctica de una vida piadosa. Moisés invirtió su vida en Josué desde su juventud (Números 11.28), siguiendo el mandato de Dios de animarlo y fortalecerlo (Deuteronomio 3.28). Josué fue el líder de Israel después de Moisés, y llevó al pueblo a la tierra prometida. Eliseo fue entrenado como profeta por Elías y recibió el doble del espíritu de profecía que había tenido su mentor (2 Reyes 2.9). Pedro y Bernabé influyeron y guiaron a Marcos, dando como resultado el Evangelio que lleva su nombre.

Pablo fue un ejemplo de mentoría a lo largo de su ministerio. Invirtió su vida en Timoteo, Tito y muchos otros a los que a veces se refería como hijos suyos en la fe, como en el versículo de hoy. La pauta es clara: los que caminan por fe reciben de los que están más adelante en el camino e invierten en los que son más recientes.

¿No te ves capaz? No eres el único. Pero si estás dispuesto a cuidar de alguien más joven en la fe, puedes empezar. Tendrás que estar bien cimentado en tu camino y poseer algún conocimiento de las Escrituras, pero el discipulado no tiene tanto que ver con la formación teológica (aunque es importante) como con caminar con consistencia en la voluntad revelada de Dios: Cómo trabajar como para el Señor, cómo cuidar de tu esposa e hijos, cómo comportarte en la iglesia y con tu vecino, todas estas son cosas que puedes ayudar a aprender a un nuevo creyente, siempre y cuando tú también las practiques. No tienes que convertirte en el otro padre de nadie, simplemente cuida, ora y habla la verdad a un joven que lo desee. Sé para la próxima generación un modelo en las cosas en las que otros han sido y son un modelo para ti.

Pregúntate...

▶ ¿Hay alguien en mi vida con quien pueda hablar para que me guíe y a quien pueda rendir cuentas?

▶ ¿Hay alguna razón por la que no pueda ayudar a un hombre más joven a crecer en su fe?

▶ ¿Mi iglesia ofrece oportunidades para que yo sirva en el discipulado?

▶ ¿Cómo puedo empezar a prepararme espiritualmente para ser un mejor mentor cuando llegue el momento?

Sugerencias para la oración

MAÑANA: Pídele al Señor que te transforme en una persona dispuesta a servir como mentor.

Puedes decir algo así:

> *Padre, conviérteme en un hombre que pueda ser mentor de una manera que te honre. Sigue trabajando en mi vida para crear dentro de mí un corazón de servicio y humilde sabiduría, para que pueda ser útil a los creyentes más jóvenes que lo necesiten. Ayúdame a predicar con el ejemplo conforme a las Escrituras, para que mis palabras de aliento no sean huecas o hipócritas, sino que se basen en tu palabra.*

TARDE: Pídele al Padre la vulnerabilidad necesaria para aceptar a cualquier mentor que él te dé, a pesar de tu edad.

Puedes decir algo así:

> *Padre, te ruego que abras mi corazón para aceptar a los mentores que pones a mi disposición. Te pido que ni una mentalidad orgullosa ni el cinismo de la edad ni el miedo a la vulnerabilidad me impidan aceptar que un hombre hable a*

mi vida. Guarda mi corazón contra el
orgullo al poner al descubierto mis fallos
en una rendición de cuentas amorosa,
y haz que confíe en que tú has provisto
alguien que me ayude en mi camino de fe.

NOCHE: Pídele al Señor que te revele maneras de animar a las personas que están bajo tu mentoría y a los que te mentorean a ti.

Puedes decir algo así:

Señor, ya sea como mentor o como
receptor de mentoría, dame la sabiduría
de ser respetuoso y escuchar atentamente
cuando me ayuden y no dejar que el
ego o la vanidad de mi rol me hagan
malinterpretar o frustrar a los que
tengo bajo mi mentoría. Por favor, sigue
aumentando mi comprensión de las
responsabilidades que tengo en ambas
posiciones, Señor, para que todas mis
relaciones te honren.

DÍA 26

La gran idea detrás de las pequeñas cosas

El que es fiel en lo muy poco, es fiel también en lo mucho; y el que es injusto en lo muy poco, también es injusto en lo mucho.
Lucas **16.10** NBLA

La idea del mundo acerca de ser fiel es, básicamente, *no te preocupes por las cosas pequeñas*. Si es lo suficientemente grande, entonces sí importa que vaya bien. Pero esa norma es de lo más arbitraria: cada cual juzga si algo es lo bastante importante como para merecer sus mejores esfuerzos y atención. Con esta mentalidad, devolver un martillo prestado no es lo mismo que devolver un auto prestado. Uno importa, lo otro... no tanto.

En contraste, Jesús dice que es en las cosas pequeñas donde se demuestra la verdadera fidelidad. ¿Por qué? Porque la fidelidad sale del carácter del responsable de la tarea. Las personas fieles hacen las cosas con fidelidad; no se toman la responsabilidad a la ligera. Son fieles en las cosas pequeñas, no por lo grande que sea la tarea, sino por la naturaleza de su propio carácter; por lo que son, no por lo que se les pide.

Observa la perspectiva de un hombre que asignó tareas a sus siervos:

El amo lo *llenó de elogios*. «Bien hecho, mi buen siervo fiel. Has sido fiel en administrar esta *pequeña cantidad*, así que ahora te daré muchas más responsabilidades. ¡Ven a celebrar conmigo!». Mateo 25.21 NTV

El maestro podía confiar en este hombre porque manejó la «pequeña cantidad» con integridad y habilidad. ¿Quién no valoraría eso a la hora de delegar responsabilidades? Y mira la recompensa que obtiene el siervo: *más* responsabilidad. Los irresponsables dirían que eso es un castigo.

Mira el ejemplo de José cuando sus hermanos lo vendieran como esclavo. Acaba en casa del capitán de la guardia, Potifar. Allí, con la bendición de Dios, su amo se percata de la fidelidad y el éxito de José en todo lo que se le encarga. Eso lo lleva a un importante ascenso:

Pues Potifar le dio a José *total y completa responsabilidad administrativa* sobre todas sus posesiones. Con José a cargo, Potifar no se preocupaba por nada, ¡excepto qué iba a comer! Génesis 39.6 NTV

Para un funcionario tan ocupado como Potifar, José es un sueño hecho realidad. Y José acepta el ascenso y la responsabilidad adicional. Más tarde, cuando Potifar oye la acusación de su mujer contra José, «se encendió su ira» (Génesis 39.19 NBLA), no contra José, sino por verse obligado a elegir entre su *infiel* esposa egipcia y un *fiel* esclavo hebreo. Como señaló el difunto teólogo Howard Hendricks, a cualquier otro esclavo Potifar lo habría mandado ejecutar. En cambio, pone a José en «el lugar donde se encerraba a los presos del rey» (Génesis 39.20), un lugar que estaba adjunto a la casa de Potifar (Génesis 40.3 NBLA). Una vez más, la fidelidad y competencia de José le hacen ganar más responsabilidad:

> El jefe de la cárcel confió en mano de José
> a todos los presos que estaban en la cárcel, y
> de todo lo que allí *se hacía él era responsable.*
> Génesis 39.22 NBLA

Cuando el jefe de los panaderos y el de los coperos del faraón acaban en la cárcel real, Potifar le encarga a José que se ocupe personalmente de sus necesidades (Génesis 40.4). ¿Por qué? Porque, aunque lo había tratado injustamente, Potifar conoce el carácter de José.

La fidelidad es un rasgo del carácter, una mentalidad y un hábito. Tenemos que desarrollarla, tal como nos anima a hacer el salmista:

> Confía en el Señor y haz el bien; habita en
> la tierra y *cultiva la fidelidad.*
> Salmos 37.3 NBLA

Si crecemos en fidelidad estamos creciendo en uno de los frutos del Espíritu (Gálatas 5.22) y mostrándole al mundo quién es nuestro Padre. Si caminamos fielmente en las «cosas muy pequeñas», él promete mucho más para nosotros.

Pregúntate...

▶ ¿En qué áreas de mi vida creo que muestro fidelidad? ¿Cómo lo ven los demás?

▶ ¿Dónde me ofrece el Espíritu nuevas oportunidades de responsabilidad? ¿Cómo he respondido?

▶ ¿Qué puedo confesar o cambiar para ser más fiel a Dios y a mis compromisos con los demás?

Sugerencias para la oración

MAÑANA: Pídele al Señor que te muestre oportunidades para mostrar fidelidad, por pequeña que sea la tarea.

Puedes decir algo así:

> *Padre todopoderoso, a medida que avanzo en mi jornada, por favor, revélame las formas en que puedo mostrarte fidelidad tomándome en serio mis responsabilidades. Te pido que me llenes con el deseo de completar mis tareas lo mejor que pueda, sin importar lo triviales que puedan parecer, y que te honre con toda diligencia. Ayúdame a crecer en carácter, para que pueda obtener una responsabilidad aún mayor.*

TARDE: Confiesa las áreas de tu vida en las que has sido irresponsable, y pídele a Cristo que te cambie.

Puedes decir algo así:

> *Señor, confieso que a menudo he sido irresponsable y poco serio con las cosas que me has pedido. Padre, te pido perdón y que abras mis ojos para ver cada tarea como una oportunidad de ejercer la fidelidad. Rechazo las mentiras que dicen*

*que los pequeños esfuerzos valen menos
o que tener más responsabilidades es un
castigo. Padre, por favor, fórjame para
ser un hombre de carácter que realice con
seriedad todas las tareas que me des.*

NOCHE: Pídele al Señor que te ayude a aumentar tu fidelidad, a pesar de las circunstancias injustas o difíciles.

Puedes decir algo así:

*Padre, te pido que me guíes y me
fortalezcas en los momentos injustos y
difíciles para que mi carácter permanezca
fiel e inquebrantable, firmemente
arraigado en ti. Aunque sufra por la
injusticia o la oposición, te pido que me
ayudes a seguir siendo responsable y a
poner todo mi esfuerzo en lo que has
puesto ante mí, para que pueda cultivar
la fidelidad y honrarte cada vez más,
Señor. Amén.*

DÍA 27

Guerra espiritual, Parte 1

Porque no estamos luchando contra enemigos de carne y hueso, sino contra las potencias invisibles que dominan en este mundo de tinieblas, contra las fuerzas espirituales del mal habitantes de un mundo supraterreno.
EFESIOS **6.12** BLPH

«Guerra espiritual» es un término que se utiliza de diversas maneras en la iglesia de hoy. Puede significar que alguien está sufriendo una terrible lucha personal, o puede referirse a una propuesta política impía. Puede ser una noción vaga y entenderse solo en el contexto inmediato del que la emplea. Una idea que parece caracterizar la guerra espiritual de forma bastante consistente es la de que estamos bajo el *ataque* del diablo o sus fuerzas. Pero esa no es exactamente la perspectiva de las Escrituras. La verdad es que, en la verdadera guerra espiritual, estamos repeliendo un *contraataque*. El enemigo no emprende esta guerra, defiende su posición. Fue Jesucristo quien la inició:

Pero el Hijo de Dios vino para *destruir* las obras del diablo. 1 Juan 3.8 NTV

Porque Él *nos libró del dominio de las tinieblas* y nos trasladó al reino de Su Hijo amado, en quien tenemos redención: el perdón de los pecados.
Colosenses 1.13-14 NBLA

El diablo intenta desesperadamente mantener su influencia en este mundo, mantener intacto su «reino». Cuando seguimos a Cristo, hacemos retroceder al diablo; nosotros estamos a sus puertas, no al revés. Los primeros reclutas de esta guerra recibieron estas imperiosas órdenes de su oficial al mando:

Les he dado a ustedes autoridad para que pisoteen las serpientes, los escorpiones y *todo el poder del enemigo*, sin que nada ni nadie pueda dañarlos. Lucas 10.19 BLPH

Los discípulos llevaron la lucha directamente a territorio enemigo y volvieron llenos de alegría, diciendo: «¡Señor, hasta los demonios nos obedecen en tu nombre!». (Lucas 10.17 BLPH). Tenían al enemigo huyendo porque luchaban por el Rey legítimo. Más tarde, Pablo recibió un encargo similar:

Yo te envío, para que les abras [a los gentiles] sus ojos a fin de que se conviertan de las tinieblas a la luz, y *del dominio de Satanás a Dios*, para que reciban, por la fe en Mí, el perdón de pecados y herencia entre los que han sido santificados.
Hechos 26.17-19 NBLA

Pablo y sus compañeros llevaron literalmente la lucha hasta las partes más oscuras del mundo conocido, librando lo que él llamaba «este noble combate» (1 Timoteo 1.18 BLPH). Y no es que el enemigo se lo tomara a broma.

Ya que queríamos ir a ustedes, al menos yo, Pablo, más de una vez; pero *Satanás nos lo ha impedido.* 1 Tesalonicenses 2.18 NBLA

Al igual que aquel ángel que fue obstaculizado por fuerzas espirituales durante veintiún días mientras Daniel oraba (Daniel 10), Pablo se enfrentó a una seria oposición. El adversario no se va a quedar de brazos cruzados mientras extendemos el reino de Dios a su costa. De hecho, él *contraataca*, nos ataca para detenernos, o al menos ralentizar nuestro avance. Si vas con Cristo a la batalla, llamarás la atención del enemigo. Los ejércitos no malgastan balas con meros espectadores. ¡Pero eso son buenas noticias! ¡Estás haciendo lo que Dios planeó para ti!

Satanás tiene sus tácticas, pero nosotros tenemos las nuestras. Debemos ponernos la protección de la armadura de Dios para defendernos de los ataques del enemigo, pero lo más importante es que usemos las armas que Dios nos ha dado:

Tomen la *espada del Espíritu*, la cual es la *palabra de Dios*. Efesios 6.17 NTV
Ni las armas con que peleo son humanas, sino *divinas*, con poder para destruir cualquier fortaleza. 2 Corintios 10.4 BLPH

No se trata tan solo de estar con la armadura puesta. Debemos usar las armas que se nos han dado para derrotar al enemigo. La oración y la Palabra de Dios son nuestras armas. En la batalla cara a cara entre Jesús y el diablo en el desierto, Jesús ayunó y oró, y luego citó las Escrituras para responder a todo lo que Satanás le lanzaba. Además de esas armas, hemos recibido algo de vital importancia: la promesa de la victoria.

Y el Dios de paz *aplastará pronto a Satanás debajo de los pies de ustedes.* La gracia de nuestro Señor Jesucristo sea con ustedes.
Romanos 16.20 NBLA
Pero Dios, que nos ha amado, nos hace salir *victoriosos* de todas estas pruebas.
Romanos 8.37 BLPH

No nos equivoquemos, el conflicto en el que estamos inmersos exige fe y valor, y requiere preparación y entrenamiento; a veces ganamos terreno rápidamente, y a veces necesitamos resistencia. A veces incluso podemos perder terreno. Pero no somos nosotros quienes debemos tener miedo. Marchamos con el Rey hacia un futuro glorioso. Él es la fuente de nuestra fuerza.

Pregúntate...

▶ ¿Hay algún área en mi vida que yo diría que está bajo ataque espiritual?

▶ ¿Estoy haciendo algo para el avance el reino que pueda estar llamando la atención del enemigo?

▶ ¿Hasta qué punto estoy preparado para librar una batalla espiritual? ¿Entiendo realmente cómo usar las armas adecuadas?

▶ ¿Cómo puedo formarme mejor para la lucha espiritual?

Sugerencias para la oración

MAÑANA: Pídele al Señor que te ayude a ver con claridad tu papel en el avance de su reino.

Puedes decir algo así:

> *Padre eterno, ¡prepárame para la guerra!*
> *Te confieso y entrego las áreas de mi*
> *vida en las que he permitido que el*
> *enemigo gane fortalezas, Señor. Te pido*
> *que las quites. Entrena mis manos para*
> *la batalla, y dame la confianza que da*
> *seguir a un Rey justo.*

TARDE: Pídele al Padre consuelo y sanidad cuando sientas que estás agotado y que has perdido terreno.

Puedes decir algo así:

> *Salvador mío, necesito tu consuelo:*
> *debido a los ataques que he sufrido,*
> *me resulta difícil ver un camino claro*
> *hacia la victoria. Pero me mantendré*
> *firme, confiando en tus promesas. Padre,*
> *fortaléceme y dame valor para recuperar*
> *el terreno que he perdido. Tú estás siempre*
> *conmigo, y yo seguiré permaneciendo en*
> *ti, sabiendo que mi fuerza viene de ti.*

NOCHE: Pídele a Dios que te ayude a prepararte para la guerra espiritual.

Puedes decir algo así:

> *Padre nuestro que estás en los cielos, dame sabiduría y entendimiento para revestirme plenamente de la armadura que tú me das; enséñame a blandir la espada del Espíritu. Dame oportunidades para formarme mejor y prepararme para las batallas espirituales que vendrán. Ayúdame a ser diligente y útil en toda la preparación que tú provees, para que esté listo para andar con Cristo en la batalla.*

Guerra espiritual, 2ª parte

Para que Satanás no se aproveche de nosotros.
Pues ya conocemos sus maquinaciones malignas.
2 CORINTIOS 2.11 NTV

El diablo juega sucio, ¡eso no es ninguna sorpresa! Al atacarlo, se defenderá como una bestia acorralada, pero hay otro tipo de guerra espiritual en la que es más experto: trampas, lazos y seducciones. No se trata de lanzas y flechas, sino de anzuelos, redes y fosos; de estrategia, planificación y paciencia; de conocer nuestras debilidades y usarlas en nuestra contra.

El objetivo de los ardides del enemigo es atrapar, enredar y someter. Nos quiere fuera de servicio e incapacitados para adentrarnos en su territorio. Las trampas pueden ser más eficaces para neutralizar a un adversario que para ganar una batalla cuerpo a cuerpo.

De hecho, esta ha sido la estrategia de Satanás desde el principio:

—¡No morirán!—respondió la serpiente a la mujer—. Dios sabe que, en cuanto coman del fruto, se les abrirán los ojos *y serán como Dios*, con el conocimiento del bien y del mal. Génesis 3.4-5 NTV

Satanás hizo ver que estaba de nuestro lado, acusando a Dios de negarnos algo especial. Y su plan funcionó con bastante eficacia. La humanidad le entregó el dominio del mundo. El engaño fue la primera herramienta del enemigo y sigue siendo su arma preferida; hasta el día de hoy «Satanás se disfraza como ángel de luz» (2 Corintios 11.14 NBLA). A Pablo le preocupaba mucho que el enemigo lo sacara de la batalla a través del engaño, y debería preocuparnos también a nosotros:

> Pero tengo miedo; lo mismo que la serpiente sedujo con su astucia a Eva, temo que pervierta sus pensamientos apartándolos de una sincera y limpia entrega a Cristo.
> 2 Corintios 11.3 BLPH

No somos automáticamente inmunes a las trampas del enemigo por el mero hecho de creer en Cristo. Por lo tanto, es de vital importancia reconocer las trampas antes de caer en ellas. La tradición griega recoge un famoso ejemplo de ello en la historia del Caballo de Troya. Incapaces de superar las defensas de Troya en un enfrentamiento abierto, los griegos crearon un gigantesco caballo de madera como aparente ofrenda de paz. Una vez que los troyanos, demasiado confiados, lo introdujeron en la ciudad, salieron los soldados griegos que se habían escondido en el caballo y abrieron las puertas al resto de su ejército. La derrota de los troyanos no se debió a falta de valor o resistencia: para enfrentarse a las trampas no hace falta valor ni fe como en el enfrentamiento directo. Para evitar las insidias y las trampas hace falta sabiduría y entrenamiento.

Entonces, ¿cómo reconocer algo que se oculta intencionadamente? Creciendo en Cristo y alimentándonos de su Palabra como adultos y no como bebés espirituales. Los «maduros» practican su fe a diario, una y otra vez, en todo tipo de condiciones:

> Pero el alimento sólido es para los adultos, los cuales *por la práctica* tienen los sentidos *ejercitados* para discernir el bien y el mal. Hebreos 5.14 NBLA

Cualquiera puede practicar la obediencia a Dios, por insignificante que su acción parezca. Y cuando practicas la vida que Dios quiere, tu percepción espiritual crece. Serás capaz de ver más allá de las apariencias, la realidad espiritual de las cosas. Justo después de confesar a Jesús como el Hijo de Dios, Pedro se llevó aparte al Señor para reprenderlo por hablar de su inminente sufrimiento y muerte: Jesús vio algo muy diferente a un devoto seguidor:

> ¡Quítate de delante de Mí, *Satanás*! Me eres *piedra de tropiezo*; porque no estás pensando en las cosas de Dios, sino en las de los hombres. Mateo 16.23 NBLA

Una mera perspectiva humana podría no haber visto la trampa que se escondía tras las palabras de Pedro, pero Jesús sí la vio. Juan hace eco de la idea de crecer en discernimiento cuando nos advierte:

«Amados, no crean a todo espíritu, sino *prueben los espíritus* para ver si son de Dios» 1 Juan 4.1 NBLA.

Además, debemos mantenernos alerta, sabiendo que tenemos un enemigo que no duerme. El mero sentido común dice que no podemos bajar la guardia ante un enemigo así:

> No se dejen *seducir* ni *sorprender*. El diablo, que es el enemigo de ustedes, ronda como león rugiente buscando a quién devorar.
> 1 Pedro 5.8 BLPH

Un león que anda alrededor es un cazador que busca su oportunidad. Tenemos que estar constantemente en guardia contra ese tipo de enemigo. Es hambriento y despiadado... ¡pero también está huyendo! Estemos preparados para sus contraataques, y seamos sabios en cuanto a sus ardides y trampas. La victoria en Cristo está garantizada; hagamos todo lo posible para disfrutar del momento victorioso final en su regreso.

Pregúntate...

▶ ¿Qué tipo de trampas me tiende normalmente el enemigo? ¿Cómo puedo reconocerlos?

▶ ¿En qué me he dejado engañar y seducir?

▶ ¿Estoy preparado y en guardia contra los ataques sorpresa?

▶ ¿Qué hago para entrenar mi discernimiento del bien y del mal? ¿Conozco a alguien que pueda ayudarme a crecer en esta área?

Sugerencias para la oración

MAÑANA: Pídele al Señor discernimiento para reconocer las trampas del enemigo.

Puedes decir algo así:

> *Padre amoroso, a medida que avanzo*
> *en mi jornada, te pido sabiduría para*
> *reconocer las trampas del enemigo.*
> *Ayúdame a tener discernimiento, Señor,*
> *desde una base sólida en tu Palabra,*
> *para evitar los fosos y trampas que sé que*
> *pondrán en mi camino.*

TARDE: Pídele al Señor que te ayude a proteger las áreas en las que eres vulnerable.

Puedes decir algo así:

> *Dios todopoderoso, perdóname por*
> *los aspectos de mi vida que he dejado*
> *expuestos al ataque. Me rindo, confieso*
> *y someto esas áreas a ti. Te pido*
> *humildemente que me ayudes a reparar,*
> *fortificar y proteger esas posiciones.*
> *Ayúdame a caminar en la libertad, la paz*
> *y la sanidad que tengo en ti.*

NOCHE: Pídele al Señor que acuda en tu ayuda cuando estés aislado y te sientas tentado.

Puedes decir algo así:

Padre, por favor, ven en mi ayuda: necesito que tu fuerza y tu paz fluyan sobre mí. Por favor, dame valor para superar estas tentaciones, recordándome que estoy cubierto por la sangre de Cristo y el sacrificio que tú hiciste para liberarme. Padre, tu fidelidad no tiene fin, y en ti confío plenamente.

El dinero, Parte 1

Sea el carácter de ustedes sin avaricia,
contentos con lo que tienen, porque Él mismo
ha dicho: «Nunca te dejaré ni te desampararé»,
de manera que decimos confiadamente:
«El Señor es el que me ayuda; no temeré.
¿Que podrá hacerme el hombre?».
HEBREOS 13.5–6 NBLA

El dinero es un invento ingenioso. De hecho, puede que sea el sistema más útil que haya creado la humanidad. Le permite a un hombre llevar figuradamente mil vacas en el bolsillo y cambiarlas por lo que quiera, cuando quiera y con quien quiera. ¡Increíble! Es casi mágico por su comodidad y posibilidades. Te permite construir una casa sin levantar ni un martillo. Te permite influir en personas que nunca has conocido. El dinero le da al hombre todo tipo de posibilidades, tanto buenas como malas.

La tentación de amar el dinero se origina en la creencia de que puede hacer cosas que no puede. No puede darnos un futuro real porque es voluble e inestable:

> Inculca a los ricos de este mundo que
> no sean arrogantes y que no pongan su

esperanza en algo tan *inseguro* como el dinero, sino que la pongan en Dios que nos concede disfrutar de todo en abundancia.
1 Timoteo 6.17 BLPH

Dios es nuestra esperanza y nuestra provisión. La razón por la que el dinero no puede satisfacernos de verdad es porque es un sistema diseñado solo para este mundo, y nosotros fuimos diseñados para la eternidad. De hecho, el dinero es tan limitado que el hombre más rico del mundo dijo una vez:

Los que aman el dinero *nunca tendrán suficiente.* ¡Qué absurdo es pensar que las riquezas traen verdadera felicidad!
Eclesiastés 5.10 NTV

El rey Salomón dijo mucho sobre la riqueza, y todo por experiencia. Conocía a gente rica que no descansaba y a gente pobre que dormía a pierna suelta. Conocía a los contentos con poco y a los descontentos con mucho. Sabía que la clave estaba en si las personas «amaban» el dinero. Jesús, que no tuvo experiencias tan directas con la riqueza, fue algo más expeditivo:

Nadie puede servir a dos amos al mismo tiempo, porque aborrecerá al uno y apreciará al otro; será fiel al uno y del otro no hará caso. *No pueden servir al mismo tiempo a Dios y al dinero.* Mateo 6.24 BLPH

Pablo agregó a estas advertencias un recordatorio específico para los creyentes cuando dijo:

Porque *la raíz de todos los males es el amor al dinero*, por el cual, *codiciándolo* algunos, se extraviaron de la fe y se torturaron con muchos dolores. 1 Timoteo 6.10 NBLA

Todas las advertencias se resumen básicamente en esta: ¡el dinero puede salir demasiado caro! No puedes permitirte amarlo. ¡El anhelo de riqueza podría estar robándote! Como dijo una vez el filósofo inglés Francis Bacon: «El dinero es un gran siervo, pero un mal amo».

Es nuestro corazón el que determina si utilizamos bien el dinero, como un administrador que debe rendir cuentas. Los usos piadosos de la riqueza son tan profundos como obvios: Ocuparnos de nuestras necesidades para no agobiar innecesariamente a los demás (1 Tesalonicenses 4.11-12), ocuparnos de las necesidades de la familia (1 Timoteo 5.8) y proveer para sus necesidades futuras (Proverbios 13.22), ocuparnos de los necesitados de la iglesia (Santiago 2.16, Romanos 15.26, 1 Juan 3.17), ayudar a los pobres de fuera de la iglesia (Gálatas 2.10), extender el evangelio (Filipenses 4.16), apoyar a la iglesia y a los que nos ministran (Gálatas 6.6) y honrar a Dios en toda oportunidad mostrando hospitalidad y generosidad (Proverbios 11.25, 1 Timoteo 6.18).

Debemos estar siempre en guardia contra esa voz que nos susurra que el dinero puede hacer por nosotros lo que no puede. Si el dinero ha conquistado nuestro corazón, nunca estaremos contentos y nos perderemos lo que son las verdaderas riquezas.

Pregúntate...

▶ Si soy totalmente sincero conmigo mismo, ¿diría que el dinero tiene un control malsano sobre mi forma de pensar?

▶ ¿Empleo mis esfuerzos en perseguir la riqueza y excluyo las cosas espirituales?

▶ ¿Estoy haciendo un uso justo de lo que tengo ahora mismo? ¿Cómo?

▶ ¿Qué puedo hacer para ser mejor administrador de lo que Dios me ha dado?

Sugerencias para la oración

MAÑANA: Pídele a tu Padre que te ayude en la lucha contra el deseo excesivo de comodidades mundanas y materiales.

Puedes decir algo así:

> *Señor, te confieso mis luchas por desear la comodidad y la seguridad de la riqueza. ¡Aleja de mí ese enfoque en las cosas materiales en lugar de ti! Padre, ayúdame a comprender mejor el propósito del dinero para que te honre en todo con él.*

TARDE: Pídele al Señor que te revele oportunidades para ser un administrador responsable de lo que él te ha dado.

Puedes decir algo así:

> *Padre Dios, abre mis ojos a los necesitados, y muéstrame las oportunidades en las que puedo compartir lo que tú has provisto para mí. Te pido también que ablandes mi corazón y no me dejes despreciar a los que tienen menos, que entienda que todo lo recibo de ti y no por obra de mis manos.*

NOCHE: Pídele a Dios que moldee tu mente para que tus esfuerzos se vuelvan a enfocar en su plan.

Puedes decir algo así:

Padre celestial, admito que he malgastado demasiados esfuerzos persiguiendo la riqueza y la comodidad y a menudo he descuidado el camino que tú has puesto ante mí. Por favor, perdóname, Señor, y guía mis esfuerzos para que te honren. Sigue obrando en mí cada día para poner mi foco en vivir de todo corazón para Cristo.

DÍA 30

El dinero, Parte 2

Por tanto, no se preocupen, diciendo: «¿Qué comeremos?» o «¿qué beberemos?» o «¿con qué nos vestiremos?». Porque los gentiles buscan ansiosamente todas estas cosas; que el Padre celestial sabe que ustedes necesitan todas estas cosas. Pero busquen primero Su reino y Su justicia, y todas estas cosas les serán añadidas.

MATEO 6.31–33 NBLA

El deseo de excesos (el «amor al dinero») no es la única forma en que podemos llegar a preocuparnos por las finanzas. En el extremo opuesto está el miedo a la necesidad o la pobreza. Tanto el atractivo de la riqueza como la falta de ella son tentaciones que nos hacen olvidar el lugar y el uso adecuados del dinero.

El consejo de Jesús de buscar primero su reino y su justicia se refiere a la prioridad de nuestras pasiones. Si nos obsesionamos con nuestras necesidades (incluso las legítimas), nunca llegaremos más allá de ellas. Llenaremos nuestros días de ansiedad en lugar de ocuparnos de las cosas de Dios.

Nuestro bondadoso Padre conoce bien nuestras necesidades, y le corresponde a él proveer para nosotros, sus hijos. Su principal medio para satisfacer las necesidades de su pueblo ha sido siempre el trabajo honrado. Moisés, dirigiéndose a los israelitas recién liberados de la esclavitud, les recordó que todo lo que ganaban como hombres libres seguía siendo un don de Dios:

> Recuerda que ha sido el Señor tu Dios *quien te ha dado las fuerzas para obtener esa prosperidad*; así ha confirmado hoy la alianza que juró a tus antepasados. Deuteronomio 8.18 BLPH

Pero todos tenemos historias diferentes de cómo nuestro Padre reparte esas fuerzas «para obtener [...] prosperidad». Las cosas no son iguales para todos. Probablemente, la mayoría de nosotros hemos experimentado diversas circunstancias financieras a lo largo de nuestra vida, yendo y viniendo entre el superávit y el déficit. El apóstol Pablo sabía lo que se sentía en esa situación. Sus ingresos solían ser cíclicos: a veces se ganaba la vida fabricando tiendas de campaña y otras recibía ayuda de las iglesias. Pero sus altibajos con el dinero sirvieron para que creciera su fe:

> Sé vivir con *casi nada* o con *todo lo necesario*. He aprendido el secreto de vivir en cualquier situación, sea con el *estómago lleno* o *vacío*, con *mucho* o con *poco*. Pues todo lo puedo hacer por medio de Cristo, quien me da las fuerzas. Filipenses 4.12-13 NTV

Su «secreto» se ha convertido en uno de los versículos más citados, bordados y tatuados de la

Biblia. Por desgracia, la mayoría de las personas pasan por alto un punto importante de este pasaje: Pablo «aprendió» el secreto, como se aprende a jugar golf. Lo hizo con el tiempo y tras mucha experiencia directa y práctica. En otras palabras, no descubrió ningún secreto oculto, sino que aprendió una lección de vida; no hubo ninguna revelación repentina, sino un desafío continuo a confiar en Dios.

Nadie, ni siquiera un apóstol, tiene garantizados sus ingresos. Lo que sí tenemos es la promesa de Dios de cuidar de nosotros. Pero no se puede culpar a Dios si nuestra necesidad viene de ser perezosos o insensatos con el dinero:

> La insensatez del hombre pervierte su camino, y su corazón se irrita *contra el Señor*. Proverbios 19.3 NBLA

Debemos ser administradores de lo que él nos provee, lo haga como lo haga: por trabajo, herencia, matrimonio o simplemente buena suerte. Para empezar, todo es de Dios. Por eso, incluso en circunstancias de escasez, debemos ser generosos. Pablo alabó el ejemplo de la iglesia macedonia a este respecto:

> Porque, a pesar de las muchas *tribulaciones* que han soportado, su alegría es tanta que han convertido *su extrema pobreza* en *derroche de generosidad*. Testigo soy de que han dado espontáneamente lo que podían, e incluso *más de lo que podían*. Con la mayor insistencia nos rogaban que les

permitiéramos colaborar en la colecta y en
la ayuda a los hermanos.
2 Corintios 8.2-4 BLPH

¡Qué ejemplo y qué desafío para nosotros hoy!
Pablo continúa diciendo a los corintios que siempre
se trata de la actitud del corazón hacia el dinero:

Tengan esto en cuenta: «Quien siembra con
miseria, miseria cosechará; quien siembra
a manos llenas, a manos llenas cosechará».
Dé cada uno *según le dicte su conciencia*, pero
no a regañadientes o por compromiso, pues
Dios ama a quien da con alegría. Dios,
por su parte, tiene poder para colmarlos
de bendiciones de modo que, siempre y en
cualquier circunstancia, tengan ustedes lo
necesario y hasta les sobre para que puedan
hacer toda clase de buenas obras.
2 Corintios 9.6-8 BLPH

O entendemos de dónde viene el dinero o no lo
entendemos. O seguimos su ejemplo de generosidad
o nos quedamos en la rueda de hámster con los «gentiles», buscando con ansia y afán llenar necesidades
que nunca tendrán fin.

Pregúntate...

▶ ¿Realmente creo que Dios se ocupará de mis necesidades si lo pongo a él en primer lugar?

▶ ¿Hasta qué punto me preocupan las finanzas? ¿Ocupan mi pensamiento hasta el punto de desviarlo?

▶ ¿Qué asuntos concretos me preocupan más en mis finanzas? ¿Hay alguien que pueda ayudarme a buscar a Dios en estas cuestiones?

▶ ¿Hay algo que deba confesar o de lo que deba arrepentirme en relación con el temor, la ansiedad o la preocupación por el dinero?

Sugerencias para la oración

MAÑANA: Confiesa tu miedo y ansiedad por las finanzas y pídele al Señor que te dé paz.

Puedes decir algo así:

> *Padre todopoderoso, confieso y traigo ante ti mis temores y ansiedades acerca de mis finanzas: perdóname por no poner toda mi confianza en ti. Dame la fuerza y el valor para afrontar y superar estos temores, poniendo de todo corazón mi fe en tus promesas de cuidar de mí.*

TARDE: Pídele al Señor que te ayude a no dejar que el dinero te consuma mentalmente.

Puedes decir algo así:

> *Padre, te pido que guíes mi mente para no ser consumida por la distracción del dinero. He pasado tanto tiempo dándole vueltas a estas cosas que afecta a mi capacidad diaria de centrarme en lo que tú quieres que haga. A menudo he hecho del dinero un ídolo, y por eso, Señor, te pido que me perdones. Cambia mi mente agotada y temerosa por una mente renovada y enfocada completamente en ti.*

NOCHE: Pídele al Señor un corazón que esté contento con lo que él ha provisto.

Puedes decir algo así:

> *Señor, ¡te doy gracias y te alabo por todo lo que me has dado! Gracias por cuidar de mí incluso cuando me comporto de forma egoísta y descontenta. Ayúdame a aceptar siempre con gozo tu provisión. Por favor, ayúdame a refugiarme y consolarme solo en ti, y a recordar que la verdadera satisfacción viene de ti.*
>
> *¡Gracias, Padre! Amén.*